常 识

——COMMONSENSE——

[美]托马斯·潘恩 著
刘晓菲 译

引领美国独立战争的思想之源
影响世界文明进程的不朽经典

中英双语彩插本

北京时代华文书局

图书在版编目（CIP）数据

常识 / （美）托马斯·潘恩著 ; 刘晓菲译. -- 北京 : 北京时代华文书局, 2018.4
ISBN 978-7-5699-2242-4

Ⅰ. ①常… Ⅱ. ①托… ②刘… Ⅲ. ①政治思想史—美国—近代 Ⅳ. ①D097.124

中国版本图书馆CIP数据核字（2018）第001918号

常 识

CHANG SHI

著 者 | （美）托马斯·潘恩
译 者 | 刘晓菲

出 版 人 | 王训海
丛书策划 | 梁明德
责任编辑 | 周连杰
特约编辑 | 廖 丹
封面设计 | 格林文化
责任印制 | 刘 银

出版发行 | 北京时代华文书局 http://www.bjsdsj.com.cn
北京市东城区安定门外大街136号皇城国际大厦A座8楼
邮编：100011 电话：010-64267955 64267677
印 刷 | 三河市祥达印刷包装有限公司 联系电话 | 0316-3656589
（如发现印装质量问题，请与印刷厂联系调换）
开 本 | 880mm×1230mm 1/32 印 张 | 6 字 数 | 100千字
版 次 | 2018年7月第1版 印 次 | 2018年7月第1次印刷
书 号 | ISBN 978-7-5699-2242-4
定 价 | 36.00元

乔治·华盛顿

1784年，华盛顿与拉法叶在弗农山庄

美国独立战争

萨拉托加大捷

OTTO FISCHER

美国“宪法号”击败英国“爪哇岛号”

目 录

引言

这本书的观点或许尚未得到普遍认可。一直以来，我们都习惯被动接受，却很少提出质疑。这种惯性不但使事物停于看似正确的肤浅表象，而且一旦质疑就会遭来传统舆论的抵制。不过，争论很快就会平息。时间比道理更能使人改变。

长期滥用职权使权力的正当性遭受质疑（任何事情都是这样，如果受压迫者一味忍受，从不讨要公道，那么一切都可能永远不会改变）。英国国王拥有属于自己的权利，并支持议会拥有“他们的”权利。两者联合起来压榨善良的国民。人民拥有毋庸置疑的基本权利去质疑他们所拥有的权利，并且有权阻止任何一方篡夺这些权利。

在文章中，笔者尽力避免个人主观化的东西。针对个人的恭维与责难也不会在文中出现。智者和成功人士不会因一本小册子的赞美而洋洋自得，同时，我们也无须费心劝诫那些不明智或不友善的人改头换面，唯有巨大的痛苦才能使他们醒悟。

从很大程度上来说，北美的事业就是全人类的事业。很多具有普遍意义的（非地方性的）情况已经或即将出现，它们必然会影响热爱人类的人所信奉的原则。发动战争使国家动荡不安、挑衅天赋人权并迫害人权捍卫者——任何有感知力的人都不会对这些暴行无动于衷，不管人们如何评价，笔者就是其中一员。

1776年2月14日于费城

第一章
概论政府的起源及目的并简评英国政体

有些作家将社会和政府混为一谈，导致两者之间看似没有多大区别，甚至毫无区别。而实际上，它们不但不是一回事，而且起因也全然不同。社会由我们的欲求所产生，而政府则因我们的邪恶所造就。前者让我们齐心协力，从而积极提升我们的幸福感，而后者则通过抑制我们的恶行，来消极增进我们的幸福感；一个鼓励交流，另一个制造差别。前者是奖励者，后者是惩罚者。

在任何情况下，社会都是一种福祉。然而政府，就算在其最好的状态下，也只不过是无可避免的祸害，在其最糟糕的情况下，便是无法容忍的灾祸。因为，当我们遭遇苦难，或受到由政府导致的、我们原以为只有在无政府国家才可能遭受的不幸时，会意识到正是我们自己种下了恶果，自作自受而格外痛苦。政府如同衣服，是丧失纯真的象征，帝王的宫殿建立在天堂亭榭的废墟上。如果人们都能始终不渝地凭良心行事，那么就根本不需要其他立法者。然而，事实并非如此，谨慎小心的原则促使人们在任何事情上都会两害相权取其轻，他们认为有必要放弃一部分财产，以保全剩余的部分。既然安全是政府的真正意图与目的，那么毫无疑问，任何看起来最有可能保证我们的安全且花费最少收益最大的形式，就是最好的选择。

为了清晰准确地了解政府的意图与目的，我们假设有少数人在地球某个偏僻的地方定居，与外界隔绝。他们代表任一国家或是整个世界的第一批居民。在这种天然自由的状态下，社会将是他们首先想到的，而种种动机也会驱使他们朝这一方向努力。个人之力无法满足自身的诸多欲求，加之心理上也不堪忍受长久的孤独，因此很快就会去寻求他人的帮助与慰藉，同样对方也会有相同的需求。四五个人合作，就能在荒野中搭建起一个还算过得去的住所，而单独一人则可能劳碌终生也一无所成。他砍倒树木，却无力搬运，即便搬动了，也无法竖立起来，与此同时，饥饿会迫使他停下手头的工作。每一种不同的欲求，会以不同的方式支使他。疾病，甚至灾祸都可能置人于死地，即便它们本身并不致命，但会使人丧失生活能力，陷入生不如死的境地。

这样一来，需求如同引力，很快促使新移民组成社会，而社会中的互惠福祉也将接踵而来。只要人们始终公平互助、以诚相待，法律和政府便毫无用处。然而，除了天堂，没有什么能免于邪恶的侵袭。所以，在相互扶持、共同克服了移民初期的诸多困难后，人们不可避免地懈怠了自己的责任和彼此的联系，这表明，有必要建立某种形式的政府来弥补德行方面的缺陷。

路边某棵大树就是他们的议院，全体移民都可以聚到树下商议公共事务。很有可能，他们最初的法律只能称之为“守则”，施行时也只是以公众的鄙视唾弃作为惩罚。在这最早的议会中，每个人都因天赋权利而占据一个席位。

起初，移民人数不多，住所临近，议题少且琐碎，每个人都会参与讨论。然而，随着移民区的发展，公众关注的议题越来越多，成员间的住所也距离较远，不便像从前那样全体聚集讨论。于是，从全体成员中挑选出若干人来专门负责立法事务，便成为一种便捷可行的方式。这些人应和全体选民一体同心，并且应像所有成员亲自参会一样行使职权。如果移民区继续扩展，就有必要增加代表人数，使每一部分的利益都受到关照。所以，最好的方法是将整个移民区划分成若干适当的部分，每个部分选派适当数量的代表。当选者不能谋求和选民无关的个人利益。为了审慎起见，经常进行选举是明智之举。因为当选者很有可能在几个月后落选，再次成为普通民众，所以他们在任期内会谨慎行事。这一方法有效保证了当选者对选民的忠诚。频繁的选举使社会内各部分建立起共同的利害关系，各部分自然就会相互扶持，政府的力量和被管理者的幸福正是建立在这一基础上，而不是建立在毫无意义的帝王名号上。

这就是政府的起源，换言之，是由于道德无法约束世界而产生的一种必要的管理模式，由此也可看出政府的意图与目的，即自由和安全。虽然我们的眼睛可能被白雪弄得目眩神迷，我们的耳朵可能被声音所欺骗，虽然我们的意志可能被偏见所歪曲，抑或我们的认知被利益所迷惑，但是，自然与理性的声音会说：这是对的。

我依据一条无可辩驳的自然原则得出了对政体的看法，即任何事物越简单越不易混乱，就算发生混乱也比较容易修正。根据这条原则，我将对大肆吹嘘的英国政体发表一些评论。毋庸置疑，在该政体建立的奴隶时代，它是杰出卓越的。在整个世界暴政肆虐的时代，尽量不背离这一政体，也不失为一种不错的出路。但是很显然，这种政体并不完善，它可能受到暴乱的侵扰，并且无法履行其表面上的承诺。

专制政府（虽然这是人性中的耻辱）有其自身优势，即很简单。假若人们遭受苦难，他们不但知道暴行来自哪里，而且也知道补救的方法，他们不会被五花八门的原因与解救方案弄得手足无措。英国政体则非常复杂，导致国民长期遭受荼毒却找不到症结所在。有些人说问题在这，有些人却说问题在那，每个政治医生都开出不同的处方。

我清楚，要克服狭隘的或由来已久的偏见是很难的，不过，如果我们仔细研究英国政体的构成，就会发现它不过是两种古代暴政的残余，只是掺杂了一些新的共和制元素。

首先是以国王为代表的君主暴政的残余。

其次是以上议院为代表的贵族政治的残余。

再次是以下议院为代表的新的共和政体的元素。英国的自由则取决于其效能。

前两者是世袭的，和民众无关，从法制的角度看，它们对国家的自由毫无贡献。

认为英国政体是三权分立、相互制约的观点是非常滑稽可笑的，这种说法要么毫无意义，要么自相矛盾。

关于下议院制约王权的说法，预先假定了两点：

第一，国王在无人监督的情况下是不可信任的，换言之，对绝对权力的欲求是君主制的先天疾病。

第二，出于制约王权的目的，下议院议员要么比国王更英明，要么更值得信任。

同一个政体，先是授权下议院，使其通过控制政府开支来制约王权，然后又授权国王，让他有权驳回下议院的议案，以制约下议院的权力。这又意味着，国王比那些本应比他英明的人更英明。简直荒谬至极！

君主制中存在一些非常滑稽的东西。它先剥夺一个人获取信息知识的权利，然后又授权他去解决那些需要敏锐判断力的问题。也就是说，国王的身份让他隔绝于世事，但国王的职责又要求他洞悉世事。这些不合常理的对立和相互损耗，证明国王的整个存在是荒谬、无意义的。

有些作者曾这么解释英国政体：国王是一方，民众是另一方；上议院代表国王的利益，下议院则代表民众的利益。但是这种区分会导致议会内部分裂、自相对立。虽然措辞华丽，但一经推敲就会发现内容空洞、意义模糊。若描述的是不存在的事物，或是不可思议无法描述的事物，那文字再优美考究，也仅仅只是一些响亮的音节，它们固然悦耳，但缺乏思想内容，无法传达有效信息。这种观点包含一个先决问题，即国王是如何拥有人民不信任，且时时需加以制约的权力？这种权力不可能是明智的人民赋予的，而且，任何需要制约的权力也绝非来自上帝，但宪法却认定这样的权力存在。

显然，这种宪法条文不可能落实，而且既不能也不会达到目的。这完全就是自我毁灭。既然较重的砝码能够称起较轻的物品，既然一架机器的所有轮子都是由一个轮子驱动，那我们只需知道，这个政体中哪种权力最重要，因为这种权力将起着决定性作用。虽然其他权力或其中某些要素可能阻碍或减慢整体运行，但只要未能使其停止，就都是徒劳的。第一推动力终有自己的运转方式，速度上的不足将由时间来弥补。

在英国政体中，国王拥有绝对的权力，这一点不言而喻。而他仅仅作为地位和年金的提供者，就获得了一切，这一点也是显而易见的。虽然我们已非常聪明地对君主专制关门落锁，但同时又愚蠢地将钥匙交由国王掌控。

英国人支持他们这个由国王、上议院和下议院组成的政府。这种偏见一半来源于民族自豪感，一半来源于理性，或者民族自豪感的比重更多。无疑，个人在英国比在其他国家更安全。但是和法国一样，国王的意志也是国家的法律，唯一不同的是，英国的法律不是直接由国王口头宣布，而是以议会法案这种令人敬畏的形式颁布。查理一世[①]的命运让国王们更为狡猾，而不是更为正直。

抛开所有赞成形式与结构的民族自豪感和偏见不谈，一个实实在在的真理是：英国国王之所以不像土耳其国王那么残暴，并不是因为政体，而是因为国民的素质。

现在，有必要对英国政体的结构性错误进行一番探讨。在受到某种偏好的影响时，我们很难公正行事，同样，当我们固执己

① 查理一世（1600–1649），英国国王，1625 年即位。在位期间，和国会之间发生冲突，爆发英国内战，同时还制定了一系列宗教政策，引起以加尔文教派为代表的清教徒的不满。1649 年，以叛国罪被处死。他是唯一一位被处死的英国国王。——译者注

见时，也很难对自身做出公正的评价。一个迷恋娼妓的男人，不配挑选或评价妻子，同样的道理，对某个腐朽政体的偏爱，也将使我们无法辨别出好的政体。

第二章
关于君主制和世袭继承

在宇宙秩序中，人类生来平等，这种平等被后来的某些情况所破坏。从很大程度上说，贫富差距应对此负责，不必归咎于“压迫”、“贪婪”之类刺耳难听的字眼。压迫一般是富有的结果，而很少是或从来就不是致富的手段。虽然贪婪不致使人身陷贫寒，但却可能使人怯懦，发不了财。

不过，世上还有一种根本不能用自然的或宗教的原因解释的更大的差别，即“国王”和“臣民”的差别。男人和女人是自然区分的，善与恶是上天区别的。但是，为什么有一类人生下来就高高在上，像某个新物种一样与众不同？这个问题值得我们探究，了解他们究竟是人类幸福的源泉，还是人类苦难的根源。

根据《圣经》记载，世界早期并没有国王，自然也就没有战争。而现在，正是国王们的傲慢使人类陷入混乱。近百年来，没有国王的荷兰比欧洲任何一个君主国都更和平。历史也佐证了这一说法，早期部族时代平静的田园生活自有其幸福所在，而这种幸福随着以色列君王时代的到来而消失。

君主制最初是异教徒开始采用，此后被以色列人模仿复制。这是魔鬼为推进偶像崇拜而做出的最成功的创造。异教徒奉已故的先王为神灵，基督教则更进一步，奉在世的国王为神。将“神圣的陛下”这一称号加诸转瞬即逝的得志小人身上，真是严重的亵渎。

把一个人高高捧起凌驾于众人之上，这既违背了天赋的平等权利，也无法在《圣经》中找到相应论据。就像基甸[①]和先知撒母耳[②]所传布的，全知全能的上帝明确反对由国王掌权的政体。在君主制国家，《圣经》里所有反对君主制的内容都被巧妙地掩盖起来，但它们显然值得引起那些尚未组成政府的国家的关注。虽然“恺撒的归恺撒”是世俗宫廷引述《圣经》上的教义，但它并不支持君主制，因为当时的以色列人还没有国王，只是罗马人的附属。

---

① 基甸，以色列的著名英雄和士师，出自《圣经·旧约》。曾带领三百人打败十几万米甸大军，使以色列人得享四十年太平。——译者注

② 撒母耳，以色列最后一名士师，也是以色列立国后第一位先知，还是一位伟大的军事家、政治家、宗教家。——译者注

从摩西记载的创世起，到以色列人在迷茫中请立国王，时间差不多过去了三千年。除上帝偶然干预的特殊情况外，以色列人一直采用的是共和制政体，即由一位士师[①]和各部落首领们共治。他们不仅没有国王，而且认为，除万人之主的耶和华外，承认任何一个凡人拥有国王头衔都是一种罪恶。假如认真反思对君王的盲目崇拜，我们不难发现，一向珍惜名誉的万能的上帝，绝不会赞成这种公然侵犯上天特权的政体。

君主制被列为犹太人的罪恶之一，他们也因此受到诅咒。这段历史值得我们加以回顾。

因为以色列人的后代受到米甸人[②]的侵扰，基甸便率领一小队人向他们发起进攻，最终在神的干预下获得胜利。以色列人欢欣鼓舞，将胜利归功于基甸的雄才大略，并提议推他为王，他们说："愿你和你的儿孙管理我们。"这的确是个巨大的诱惑，基甸得到的不单纯只是一个王位，而且还是世袭的王位。然而，基甸内心虔诚地回答道："我不管理你们，我的儿子也不管理你们。唯有耶和华管理你们。"没有比这更清楚明确的话了。基甸并不是拒绝这种荣誉，而是认为以色列人没有授予这种荣誉的权

① 士师，古代以色列人的先知、统帅、救世主，被看作是上帝选定的、被赋予智慧的人。在撒母耳膏立扫罗为王后，士师时代结束。——译者注

② 米甸人，又称以实马利人，出自《圣经·旧约》，活动范围大致在阿拉伯旷野西北部亚喀巴湾以东，以畜牧、行商和劫掠为生。——译者注

力。他并未用客套话感谢以色列人，而是用先知的态度，明确斥责他们叛离了自己真正的主人，即上帝。

此后约130年，以色列人又犯了一个相同的错误。他们对异教徒偶像崇拜风俗的向往简直难以形容。这一次，他们抓住撒母耳两个负责管理世俗事务的儿子的不端行为，对撒母耳发难："你已经老了，你儿子又不行你的道，现在请你立一个王来治理我们，如同列国一样。"在这里，我们不得不说他们动机不良，因为他们期望像其他民族，即像异教徒一样，但他们真正的荣耀却在于尽可能和其他民族不同。当他们对撒母耳说"现在请你立一个王来治理我们"时，撒母耳极为不悦，于是向上帝祷告。上帝对撒母耳说："百姓对你说的所有话，你只管依从，因为他们不是厌弃你，而是厌弃我，不想让我做他们的王。自从我领他们出埃及到现在，他们经常离开我，侍奉他神，现在他们对你所行的，是照他们一向所行的。所以你要依从他们的话，只是要警戒他们，告诉他们这王将如何管理他们。"也就是说，以色列人急于模仿的，不是某个国王的管理措施，而是世间所有国王惯用的手段。虽然年代久远，具体做法也大不相同，但君主制的实质并未发生变化。

撒母耳将上帝的话传达给那些要求他立王的人："管理你们的王必这么做，他会派你们的儿子为他赶车、跟马，奔走在车前马后（这种描述和现在强抓人服役的做法相差无二）。必派他们做千夫长、五十夫长，为他耕田种地，收割庄稼，打造兵器与车上的器械。又必让你们的女儿为他制造香膏，做饭烤饼（这段话描写了国王的穷奢极欲以及对老百姓的压榨）。也必取你们最好的田地、葡萄园、橄榄园，赐给他的臣仆。你们粮田和葡萄园所收的，也必取十分之一，给他的臣仆（从这里我们可以看出，贪污受贿、徇私舞弊是国王们的一贯作风）。又必取你们的奴仆婢女、健壮少年以及你们的驴，供其差役。你们的羊群他也必取十分之一，你们也必将成为他的仆人。那时你们必会哀求耶和华，但耶和华将不再应允你们。”这段话说明了君主制存续的原因。自古以来，圣贤的君王寥寥无几，他们的德行既没能使国王这一头衔变得神圣，也没能抹去国王的原罪。虽然《圣经》上对大卫[①]称赞有加，但并不是因为他的国王身份，而是强调他是一个讨上帝欢心的人。然而，以色列人不肯听撒母耳的警戒，他们说：“我们一定要一个王来管理我们，让我们像列国一样，有王治理、统领我们，为我们争战。”撒母耳继续劝导他们，但是毫无效果。他甚至指出，他们这么做是对上帝忘恩负义，但依旧徒劳无功。撒母耳看他们执迷不悟，无奈地喊道：“我求告耶

---

① 大卫，以色列联合王国第二任国王。生于以色列的伯利恒，是耶西的第八个儿子，名字意为“被爱者”、“蒙爱者”。曾战胜入侵以色列的腓力斯丁人歌利亚，受扫罗王赏识，扫罗战死后，做犹大王。在公元前 1000 年左右建立了统一强盛的以色列王国，定都耶路撒冷。——译者注

和华，他必打雷降雨（当时正值麦收时节，雷雨是一种不合农时的惩罚），让你们清楚，你们求立王的行为，是在耶和华面前犯大罪。”于是，撒母耳求告耶和华，耶和华就在这一天降下了大雷雨。以色列人见状，甚为惧怕耶和华与撒母耳。他们对撒母耳说：“求你为仆人们祷告耶和华你的神，免得我们死亡，因为我们求立王的事情，正是罪上加罪。”《圣经》中这段内容明确肯定，不容有任何模棱两可、模糊不清的解读。

上帝的确在此反对君主制，如若不然，《圣经》就是伪造的。我们有充分理由相信，在信奉天主教的国家，国王、贵族和教士都处心积虑不让民众接触这些经文，因为君主制政体无疑就是天主教会在世俗世界的翻版。

除君主制这一弊害外，世上还存在世袭继承这个弊害。前者意味着人类的自我堕落，后者被视为一种权利，是对我们子孙后代的侮辱与欺骗。因为人人生来平等，所以谁也没有权利给予家族超越其他家族的永久优先权，或许其本人值得同时代人的尊重赞誉，但他的后代可能根本不配承袭这种荣誉。有一个自然证据，足以证明王位世袭权是荒谬愚蠢的，即天道并不赞成这种制度，否则上天就不会常把笨驴而不是雄狮赐予人类，从而使这项制度沦为笑柄了。

人们起初只能拥有他人授予自己的社会荣誉，而那些荣誉的授予者无权出让子孙的权力。他们可以说“我们选你做我们的王”，但不能说“你们的子孙和子孙的子孙可以永远统治我们的后代”，否则对他们自己的后代有失公允，因为这么一个愚蠢、不公正、不合常理的约定，很可能使他们在下一个朝代，就受到恶棍或傻瓜的统治。大多数贤明之士都非常鄙视世袭权，但这种权利是一经确立就很难祛除的弊病。有些人因恐惧而顺从，有些人因迷信而盲从，那些较有权势的人则和国王瓜分掠夺来的赃物。

人们普遍认为，现今世界上的王室都出身高贵，但很有可能的是，当我们追根溯源，揭掉古老的黑色幕布时，就会发现，他们的始祖只不过是某伙不法之徒的头领。他残忍阴险的手段为他在这群盗匪中赢得了首领的称号。通过扩展势力、加剧掠夺行为，他恐吓住了手无寸铁的温顺良民，迫使他们频繁进贡以换取自身安全。然而，那些推选他为首领的人绝不打算将世袭权给他的后裔，因为这样他们就永远失去了权利，这和他们一贯声称的自由、自在的原则背道而驰。所以，在君主制初期，世袭继承并不是势在必行的，而是作为临时的或补充性措施。由于那个时代几乎没有或根本没有留下记录，口头流传的历史又充斥各种神话传说，所以隔了几代后，就很容易编造出一些迷信故事，将世袭权的概念灌输在民众的头脑中。很有可能，在旧首领去世而要选举一位新首领时，混乱的局面（暴徒中的选举不可能很有秩序）使很多人惶恐不安，致使他们赞成世袭的主张。于是，世袭继承便堂而皇之地登上了前台，就像此后所发生的那样，最初认为是一时的变通之策，后来却成为一种言之凿凿的权利。

自从诺曼底公爵威廉①征服英国以来，英国出了几个贤明君主。但它更多的时候是在昏君的统治下痛苦呻吟。但凡有理智的人，都不会说他们在威廉一世统治下获得的权利是体面的。一个法国无赖领着一群武装匪徒登陆，违背当地民众的意愿，自立为英格兰国王。可以说，这一切的起源都是卑鄙无耻的，没有任何神圣可言。如果有人愚蠢到相信世袭权利，我们也没必要花费时间去揭露它的荒唐，就让这些人盲目糊涂地崇拜驴子和狮子吧。我既不会模仿他们的卑顺，也不会搅扰他们的信仰。

不过，我倒是很乐意问问他们，国王最初是怎样产生的？这问题只可能有三个答案：通过抽签，通过选举，或是通过篡夺。

如果第一个国王是通过抽签产生的，这就为下一任国王确定了先例，不可世袭。扫罗②就是通过抽签立为王的，他之后也没有采用世袭继承，而且从中也看不出有任何要世袭的迹象。如果一

---

① 威廉一世，又称“征服者威廉”，曾是法国诺曼底公爵，1066 年，英王爱德华去世，威廉借口爱德华曾许诺让他继承英国王位，率军渡海征服英国，并自立为王。——译者注

② 扫罗，出自《圣经》，是以色列联合王国的第一位国王，由撒母耳根据上帝的旨意膏立。后因不遵行上帝的旨意，遭到上帝厌弃，撒母耳又遵照上帝旨意膏立戴维为王。——译者注

个国家的第一任国王是通过选举产生的，那也同样为后世树立了先例。如果第一批选民不仅选出了一个国王，还选出了一个世袭的王族，因此剥夺了后代所有的权利，那么除了有关人类自由意志都断送在亚当之手这一原罪说外，《圣经》中再找不到类似的事例。对照来看，世袭继承毫无荣耀可言。亚当体现了人类的原罪，第一批选民则反映了人类的顺从。在亚当那里，人类受到撒旦的摆布；在第一批选民那里，人类受到君主的支配。前者令我们丧失纯洁，后者使我们丧失权力。这一切使我们无法再获得先前的某些地位和权力。毫无疑问，原罪和世袭继承如出一辙。多么丢脸的相提并论！多么可耻的联系！就是最能说会道的诡辩家也想不出比这更恰当的比喻了。

关于篡位，还没有谁大胆到敢替它辩护。征服者威廉就是一个篡位者，这是不容辩驳的事实。实际上，英国君主政体的历史完全经不起推敲。

对人类来说，世袭继承的弊害远比其荒谬更为严重。倘若世袭制能确保都是贤明之士为王，那还算是获得了神权的支持。但事实上，它只是为蠢货、恶人、违法乱纪者打开了方便之门，带有某种压迫性。那些自认为是天生统治者的人，很快就变得蛮横无理。因为他们觉得自己是万里挑一的，内心早已被傲慢自大所侵蚀。他们生活的世界和大部分人的世界截然不同，以致他们几乎没有机会去了解大众世界的真正利益所在。当他们继承王权时，往往是整个疆土内最无知、最不称职的人。

世袭制的另一个弊害是出现幼主即位的情况。这段时期，摄政者面对各种机会和诱惑，很有可能以国君为幌子，背叛人们对他的信任。当国王年老体衰，步入人生最后阶段时，国家也可能祸端四起。在以上两种情况下，恶棍会成功操控年老昏聩或年幼无知的国君，而民众则沦为他们的牺牲品。

在所有赞成世袭继承的辩解中，貌似最有道理的一条是：它保全国家不致发生内战。倘若真如此，倒是很有说服力。但事实上，这是对人类最无耻的欺骗。整个英国历史都否认了这一点。自诺曼征服以来，已有30个国王和2个幼主统治过这个混乱的国家，这段时期，至少发生过8次内战以及19次叛乱（包括光荣革命在内）。由此可见，世袭继承不但没有带来和平，反而不利于和平，并破坏了和平赖以存在的基础。

约克家族和兰开斯特家族争夺英格兰王位继承权的战争[①]，使英国多年血流成河。除小规模的冲突与战斗外，兰开斯特家族的亨利和约克家族的爱德华还发生了12场激战。亨利曾两次成为

① 史称“玫瑰战争”，是英王爱德华三世的两支后裔，即兰开斯特家族和约克家族的支持者为争夺英格兰王位而进行的内战。两大家族的家徽分别是红玫瑰和白玫瑰，“玫瑰战争”一名即由此得来。1485 年，兰开斯特家族获胜，亨利・都铎夺得王位，是为亨利七世。此后，他与约克家族继承人伊丽莎白联姻，结束了法国金雀花王朝在英格兰的统治。——译者注

爱德华的阶下囚，而爱德华也曾被亨利俘虏过。当争端只是起因于私事时，战争的命运和民意就很难预料。亨利被人从监狱送回王宫，而爱德华则被迫逃离王宫流亡国外，但由于好恶的突然转变难以持久，人们很快又会把亨利逐下王位，爱德华则又被召回继任。而议会总是倒向胜利的一方。

玫瑰战争从亨利六世当政时开始，到亨利七世统一两个家族仍未完全结束，即从1422年延续至1489年，经历长达67年。

总之，君主制和世袭继承使整个世界（不仅仅只是某个王国）陷于血泊与废墟中。这是一种上帝明确反对的政体，所以势必会发生流血。

假如我们稍加研究国王的职责，就会发现，在某些国家，国王几乎无事可做，他们既没有自身乐趣，也无益于国家，如此饱食终日退出历史舞台，然后让继任者重复这无意义的人生。在君主专制国家，民政和军事全都由国王一人承担。以色列人的后代在请求立王时，希望“有王治理我们，统领我们，为我们争战”。然而，在英国这样的国家，国王既不是法官，也不是将军，着实让人疑惑他究竟是干什么的。

愈接近共和制的政体，国王承担的职责也就愈少。若想给英国政体找一个适当的名字，的确有些困难。威廉·马里帝兹爵士称其为共和国。但就其现状来说，它是不配获此称呼的。因为王权的腐朽势力已通过随意安排各方事务独占了政权，消耗了下议院（政体中共和的部分）的效能。可见，英国政体和法国、西班牙差不多，基本都是君主制。

人们往往尚未理解其含义就因名谓而争吵。其实，英国人引以为豪的，不是英国政体中的君主制部分，而是共和制部分，也就是从自己团体中选出下议院议员的自由。而且我们很容易看出，当共和政体逐渐失效时，奴役便接踵而来。英国政体之所以诟病深重，正是因为君主制毒害了共和制，王权控制了下议院。

在英国，国王能做的也就只有挑起战争、封官赐爵，简言之，就是使国家陷于贫困与纷争之中。一个人一年收入80万英镑，同时还受人爱戴，这的确是桩好买卖。对于社会，以及在上帝的眼中，一个诚实的普通人比世上任何一个戴王冠的恶棍更有价值。

第三章
对当前北美事务的思考

在下文中，我仅陈述简单的事实、明确清晰的论点和常识。我对读者无甚要求，只希望你们能摆脱偏见和成见，让理智和情感作出判断，并保持或不摒弃自己真实的个性，超越时代局限地扩大自己的眼界。

关于英国与北美殖民地斗争的主题，已被大量书写。各阶级的人出于不同动机和目的参与论战，但一切都徒劳无功。如今，论战已经结束。英王选择诉诸武力，而北美大陆接受了挑战，武力成为决定胜负的最终手段。

据说，已故的佩勒姆先生（他是个有才干的首相，但并不是毫无过错）因为其政策只是短期性的而遭受下议院攻击，他回答说：“至少它们在我活着时还可以推行。”倘若殖民地人民在当前的斗争中，抱持这种致命的、怯懦的念头，那后代想起祖先的名字时将心怀怨恨。

太阳从来没有照耀过比这场斗争更有价值的事业。这不是一个城市、一个县、一个省或一个王国的事，而是一个大陆——至少占地球可居住面积八分之一的大陆。这不是关系一天、一年或一个时代的事，事实上，我们的子孙后代都牵涉其中，并将或多或少或永远受目前行动的影响。现在是在北美大陆播种信仰、荣誉的时刻。今天留下的最细微的裂痕，都将像是用针尖在小橡树的嫩皮上刻下的名字，它会随着树木不断放大，子孙后代看到的将是几个醒目的大字。

当问题从争论变为武力时，一个政治新纪元便开启了，一种新的思维方式也随之产生。4月19日前，即战争[①]开始前所提出的一切计划、议案都已成为废纸空文。它们虽在当时是适当之举，但现在却已一无是处。无论这一问题最初引起多大的分歧，但最终都归结到同一点，即和英国联合。唯一的差别在于实现这一目的的方式不同。一方诉诸武力，另一方则建议打友情牌。但到目

① 此处指“莱克星敦的枪声”，即美国独立战争的开始。1775年4月18日，英军前往康科德，企图缴获当地民兵的秘密军火库。4月19日在莱克星敦一带，武装起来的当地民兵和英军交火，多人伤亡。此次事件拉开了美国独立战争的序幕，该战争从1775年至1783年，持续八年之久，最终以英国在北美殖民统治结束以及北美殖民地独立而告终。——译者注

前为止，实际情况是，前者已经失败，后者的影响也已无效。

和解的好处已被大肆渲染，但它就像一场黄粱美梦，转瞬即逝，只留下我们独自怅然。所以，我们应该审视一下另一方的主张，探究北美殖民地和英国保持联系并一直依附英国所要承受的实质损害。我们应根据自然法则和常识来检视这种联系与从属关系，仔细思考我们若独立必须依靠什么，若依附又有什么期望。

有人声称：因为北美过去在英国的庇护下繁荣昌盛，所以，继续和英国保持这样的关系对北美今后的福祉必不可少。再也没有比这更荒谬的观点了。你还不如说，小孩是喝奶长大的，所以永远不用吃肉，或者说，我们人生的前20年是下一个20年的模板。这简直是强词夺理。我不妨直截了当地说明，就算没有欧洲强国的参与，北美一样会繁荣兴旺，甚至更加强盛。北美因贸易而富足，商品都属于生活必需品，只要欧洲人还吃饭，就不愁没有销路。

有人说，英国曾保护过我们。没错，它的确曾垄断北美，花着我们和它自己的钱来保卫北美大陆。不过，出于商业和政治的动机，它同样也会保卫土耳其。

唉！长久以来，我们被过时的偏见所迷惑，为迷信付出巨大的牺牲。我们曾因受到英国的庇护而洋洋自得，却从未想过，它的动机是自身利益而不是英美之间的情谊。它保护我们并不是为了使我们免受敌人侵犯，而是出于其自身考虑，抵御它自己的敌人，与那些原本和我们没有任何争执，却因英国而和我们彻底决裂的人为敌。如果英国不放弃其在北美所享有的权利，北美大陆自将摆脱其控制。这样，若法国、西班牙和英国交战，我们仍可以和它们和平相处。此前，汉诺威王朝①发生的战争所带来的灾难，警告我们不要再维持这种关系。

最近，国会有人声称，只有通过母国，北美各殖民地才能彼此关联。也就是说，宾夕法尼亚、新泽西以及其他殖民地都是通过英国才关联在一起的。这的确是一种拐弯抹角证明彼此相关的方法，但也是证明双方存在敌意最便捷其唯一真实的方法——假若我可以这么说的话。法国与西班牙从来都不是，可能永远也不会是北美的敌人，但我们若继续依附于英国，他们就会以我们为敌。

有人说，英国是我们的母国。若果真如此，那英国的所作所为就更加可耻了。虎毒尚且不食子，野蛮人也不会和自己的亲族开战。所以，这种说法若是事实，反倒是对英国的谴责。而实际上，这种说法是错误的，或者只是部分正确。英王及其寄生虫居心叵测地使用“宗主国”或“母国”这个词，其实是出于卑鄙的

---

① 汉诺威王朝，是于 1692–1866 年间统治德国汉诺威地区以及于 1714–1901 年间统治英国的王朝。由于英国最后三位斯图亚特君主都没有子嗣活到成年，而斯图亚特家族一位公主嫁到了德国汉诺威，她的汉诺威后裔因此拥有了英国王位继承权。——译者注

天主教目的，他们企图利用我们轻信的弱点，从不公正的偏见中获利。整个欧洲，而不只是英国，是北美的母国。北美这个新世界曾是欧洲各国受迫害、热爱公民自由以及宗教自由人士的避难所。这些人逃到这里来，并不是要逃离母亲温柔的怀抱，而是要避开丧失人性的暴行。曾将第一批移民赶出家园的暴政，仍在纠缠着他们的子孙后代，目前为止，英国仍是这样的情况。

这世界上这片广袤的地区，我们淡忘了三百六十英里的狭窄范围（英国的大小），更大规模地传播我们的友谊。我们主张和欧洲每个基督徒都亲如兄弟，并为这种慷慨大度而感到自豪。

当我们对世界的了解不断加深扩大时，我们也会逐步克服地方偏见的阻碍。观察这一过程，是令人愉悦的。一个出生在以教区为基本单位的英国城镇的人，自然和同一教区的居民关系最密切（因为在大多情况下，他们的利益都是一致的），并互称为“街坊”；如果街坊之间在离家只有几英里的地方相遇，他们就会抛掉街巷的狭隘观念，称对方为“乡亲”；如果离开本郡，在其他郡相遇，就会忘掉街道和城镇这种较小的划分概念，而互称“同乡”，即同郡人；如果游历国外，在法国或欧洲其他国家相遇，他们的地域概念就会扩大为“英国人”，也就是同胞。同样的道理，欧洲人在北美或世界任何一个地方相遇，都是同胞。因为英国、荷兰、德国或是瑞典，在整个世界这一较大范围上所处的地位，和街道、城镇、郡在较小范围上所处的地位是一样的。

对于北美大陆上的人来说，这种区分法太局限狭隘了。即便在本州岛的居民中，英国人的后裔也不到三分之一。所以，我反对只把“宗主国”或“母国”这个词用在英国身上的行为，它是错误、自私、狭隘的。

就算我们都承认自己是英国人的后裔，又有什么意义呢？毫无意义！如今，英国已成为我们公开的敌人，所有的名字和头衔也都已失效。那种认为和解是我们的责任的观点简直滑稽无比。当下英国王室的第一任国王（征服者威廉）是位法国人，而且英国贵族中有半数是法国人的后裔。以此推论的话，英国就应被法国统治。

关于英国和北美殖民地团结起来的力量，已被大量谈论，人们认为两者联合可称霸世界。然而，这仅仅只是猜想。战争的胜负捉摸不定，这句话也就毫无意义了。总之，北美大陆绝不会耗尽人力去支持英国在亚洲、非洲或欧洲的军事行动。

再说，对抗全世界和北美有什么关系？我们的目标是发展贸易。倘若妥善从事，我们将赢得整个欧洲的和平与友谊，因为使北美成为一个自由贸易港，是整个欧洲的利益所在。北美的贸易地位将永远是一种保护屏障，而它在金银资源上的匮乏，又使其免受外来入侵。

我要求极力倡导和解的人列举北美联合英国的好处，哪怕一个好处也行。我一再追问，却没有得出任何好处。我们的玉米将在欧洲市场上按价出售，进口货物则一定要在我们愿意购买的地方交易。

相反，北美因和英国联合而遭受的危害与损失却是数不胜数的。我们对全人类以及对自身的责任都要求我们断绝这种关系。因为，对英国的任何屈从或依附，都会直接导致北美大陆卷入欧洲的战争与争斗中，使我们和一些国家产生冲突，而这些国家本打算与我们友好相处，我们和他们也本无宿怨和过节。既然欧洲是我们的贸易市场，我们就应对欧洲各国一视同仁。避开欧洲的纷争，才是北美真正的利益所在。倘若依附于英国，北美就变成了英国政治天平上的一个小小砝码，绝不可能置身于纷争之外。

欧洲王国众多，不可能长期保持和平。一旦英国和其他国家开战，北美的贸易就会因和英国的关系而遭到毁灭。下一次战争或许和上一次不同，若结果未如所料，现在主张和解的人，到时就会倡导独立了。因为在那种情况下，中立更为安全。所有正确、合理的事都在诉求脱离英国的控制。被屠杀者的鲜血以及造化的啜泣在呼喊着：“是时候分手了。”甚至上帝为英国和北美设置的距离，也合理有力地证明了，英国凌驾于北美之上绝不是上帝的意图。而发现北美大陆的时间以及各国移民的分布情况，更证实了这一观点。宗教改革后不久，美洲大陆便被发现，这似乎是上帝仁慈的施予，特意为后来那些在祖国得不到友善和安全保障的受迫害者开辟了一个避难所。

英国对北美的管辖统治，是迟早会终结的。一个认真思考的人会痛苦地意识到，他所谓的“现在的统治形式”只是临时性的。在这种情况下展望未来，他绝不会感到真正的快乐。身为父母，知道这个政府无法为我们遗留给后代的财产提供任何保障，心里会忐忑不安。简单地说，我们不应该让下一代背负我们的债务，而应自己承担起来，否则，我们对后代就太卑鄙无耻了。为了正确界定我们的职责，我们应照顾我们的孩子，将自己的人生职责定位得更长远。当我们达到一定高度时，就会看到被目前的恐惧与偏见所遮掩的前景。

虽然我尽量避免不必要的冒犯，但我还是坚持认为，所有支持和解的人都可以归入以下几类：利欲熏心、不可靠的人；意志薄弱，不辨事理的人；抱有偏见，不愿正视现实的人；另外还有一批温和稳健，但对欧洲世界评价过高的人。这最后一类人，因为考虑欠妥、判断失误，将比前三类人更危险，也会给北美大陆带来更大的灾难。

对于许多人而言，远离灾难现场是件幸事。灾祸还没有降临到他们头上，所以他们并未感觉整个北美的财富遭受威胁。那么，暂且让我们的想象力带我们去趟波士顿。这个充斥灾难的地方会让我们清醒，并警告我们，一定要和不可信任的政权断绝关系。几个月前，这个不幸城市的居民还过着安乐、富足的生活，现在却除了待在那里挨饿或外出乞讨外，别无选择。

他们若继续留在城里，就有被自己人的炮火轰击的危险；若逃命离开，又有可能被军队洗劫。他们目前的处境，如同毫无获救希望的囚徒。就算发动总攻去营救他们，他们也将暴露在双方军队的猛烈炮火下。

秉性迟钝的人多少有些忽视了英国对我们的伤害。他们依旧保持乐观，动不动就高喊："来吧，即便发生了这一切事情，我们还是可以和好的。"可是，审视一下人类的情感与感觉吧。用自然的标准来检验一下和解的主张，然后告诉我，你们今后是否会热爱、尊敬并忠于那个在你们的土地上烧杀掳掠的政权？若做不到，那你们只不过是在自欺欺人，而且，由于你们的延误，将使后代子孙遭受灭顶之灾。你们既不热爱也不尊敬英国，那你们将来和英国的关系，一定是被迫的、不正常的，只是暂时的权宜之计，它很快又会回到老路上，甚至比当初更糟糕。如果你们说，你们能容忍这些侵犯，那我想问，你们的房屋可曾被烧毁？你们的财产可曾在你们面前被毁坏？你们的妻儿是否有床睡觉，有面包充饥？你们的父母儿女是否遭他们毒手，而你们自己则是颓废悲惨的幸存者？如果你们没有遭遇过这些，那就无权评判那些历尽浩劫的人。但如果你们遭遇过这些，还能和凶手握手言欢，那你们就不配称作丈夫、父亲、朋友或爱人。无论你们这辈子获得怎样的地位或头衔，你们都有一颗怯懦的心和一个谄媚的魂。

这不是煽风点火或夸大其词，而是用符合自然的正常情感与感觉来分析问题。如果没有这些情感与感觉，我们就无法履行社会职责，也无法享受人生的种种乐趣。我并不是要揭露惨状来挑起仇恨，而是想把大家从致命而怯懦的麻木状态中唤醒，这样我们才能坚定地追求既定目标。如果北美不是因为犹豫胆怯，英国或欧洲是征服不了它的。眼下这个冬季若利用得当，将抵得上一个时代，成为历史的转折，但如果蹉跎或掉以轻心，整个北美大陆将万劫不复。如果有人虚掷了这段珍贵而有用的时光，无论他是谁、担任什么职务、身处何处，任何惩罚对他而言都是罪有应得。

那种认为北美大陆可以长期屈从于外部势力的看法是有悖常理的，是违反宇宙秩序和历代先例的。就连最乐观的英国人也不会这么想。目前，人类最智慧的头脑也无法策划出一个既不独立，又能为北美大陆提供哪怕一年安全的方案。和解一直只是一个虚妄的梦。造化既已放弃这种选择，人力也于事无补。正如弥尔顿[①]精辟的表述：“仇恨创伤如此之深，真正的和

---

① 约翰·弥尔顿，英国诗人、政论家、民主斗士，是清教徒文学的代表，其一生都在为资产阶级民主运动而奋斗，代表作有《失乐园》《复乐园》和《力士参孙》，其中《失乐园》和荷马的《荷马史诗》、但丁的《神曲》并称为西方三大诗歌。引文摘自《失乐园》第四卷，该卷讲述了撒旦在反抗上帝失败后，为了报仇，偷偷潜入伊甸园，引诱亚当、夏娃偷吃禁果的故事。——译者注

解难以如愿。”

各种争取和平的温和方法都已失效。我们的多次请愿都被鄙夷地驳回，这使我们相信，没有什么比再三请愿更能满足国王的虚荣心、证实他们的固执。也正是这种做法助长了欧洲国王的专制，丹麦和瑞典就是很好的例子。既然只有抵抗才有用，那么，看在上帝的份儿上，就让我们实现最终的独立，以免我们的后代在被篡改、毫无意义的母邦—属国的名义下惨遭残害。

认为英国不会再压榨北美的想法也是毫无意义的空想。我们曾对取缔印花税法案抱有同样的幻想，然而，仅仅一两年的时间，包括我在内，所有人的迷梦都被打碎。如果上述观点是正确的，那我们也可以据此推断，那些曾被打败的国家永远不会再次寻衅。

说到管理问题，英国根本无法公正合理地对待北美大陆。殖民地的事务很快就会繁杂不堪。一个距离遥远、对我们一无所知的国家，是无法用权宜之计来解决种种问题的。若英国人不能征服我们，那他们也无法统治我们。为了一点流言蜚语或一个请愿，要经常奔波三四千英里，等待四五个月才有批复，得到答复后又需要五六个月来加以解释。这种情况，用不了几年就会被看作是愚蠢幼稚之举。假如过去有段时间它是适当的，那现在也正好是它终结的适当时机了。

没有自卫能力的小岛屿是王国觊觎的合适目标。但若认为一个大陆将永远被一个岛国所统治，那就荒谬至极了。在自然界，从来没有卫星大于主星的先例。既然英国与北美的关系违反了自然的一般规律，那么显而易见，它们是分属不同体系的：英国属于欧洲，北美属于其自身。

我并不是出于自尊、党派之争或仇恨而支持英美分离、北美独立。我清楚明确、发自真心地相信，这么做符合北美大陆的真正利益。不独立，任何行为都只是拆了东墙补西墙，无法提供长久的幸福，这不仅会使我们的子孙惨遭杀戮，而且是在努努力、加把劲就能给北美大陆带来莫大荣耀的关键时刻临阵退缩。

既然英国丝毫没有要和解的意思，我们可以确信，双方无法达成北美所能接受的协议，或者说，任何方法都无法补偿我们已损失的生命与财产。

我们奋斗的目标应和付出的代价相匹配。诺斯[①]的撤职，或整个可恶的小集团的垮台，根本不值得我们花费数百万元。假如我们反对的所有议会法案都能取缔，那贸易的暂时中断虽会带来不便，但终究还是值得的。不过，让整个大陆都拿起武器，每个人都成为战士，仅仅只是去反对一个卑劣的政府部门，就有些不值得了。如果我们斗争的目标只是为了废除那些法案，那代价未

---

① 这里指当时的英国财政大臣弗雷德里克·诺斯，他因对北美各殖民政策的失败而被免职。——译者注

免太高。公正合理地估算下，不管是为了捍卫法律，还是为了获得土地，付出邦克山战役[①]这样的代价都是愚蠢至极的。我一直坚信，北美大陆迟早会实现独立。根据最近北美大陆快速发展成熟的态势看，独立指日可待。既然战争已然爆发，我们就不必再为此争论，时间终会解决一切问题。否则，就如同浪费钱财控告一个租期刚满的房客非法入侵一样，多此一举。在1775年4月19日那个灾难日（莱克星敦大屠杀）之前，我比任何人都更渴望和解。然而，当听闻那天发生的惨剧时，我便和那个冷酷、暴戾的英国法老[②]永远决裂了。我鄙视这个无耻之徒，他宣称自己是"万民之父"，却对子民遭到屠杀的消息无动于衷，灵魂沾满了他们的鲜血而酣然入梦。

假若承认事情已成定局，那结果又将怎样？我的回答是：北美大陆将毁灭。有以下几点理由：首先，统治权依旧掌握在英王手里，他会否决北美大陆所有的立法。既然英王已表露自己和自由势不两立以及对专制权力的无限渴望，那他或许也会对各殖民地说："你们只能制定我满意的法律。"北美大陆上，是否还

---

① 邦克山战役，发生于1775年6月，是美国独立战争中最初的流血战斗。战役共导致1000多名英国士兵以及约400名美国爱国者伤亡。最终，英军获胜，但损失惨重，收效甚微。此后在西方，邦克山战役被认为是得不偿失的代名词。——译者注

② 法老是对埃及国王的称呼，这里借指英国的专制国王。——译者注

有居民无知到竟不清楚根据现行政体，除非英王批准，否则不能制定任何法律？是否有谁愚笨至极，竟看不出（根据已发生的情况）除了迎合英王意图的法律外，他不会让我们在这里制定任何法律？因为北美没有自己的法律，遵从的是英国为我们制定的法律，所以我们可能会彻底被奴役。在事端得以解决后（有人这么说），英王必定会倾尽全力，尽其所能让北美大陆恭顺、臣服。如果不奋勇直前，我们就会倒退，或者纷争不止，或是滑稽地请愿上书。我们的繁荣强盛，已远远超出英王对我们的期许，难道他今后不会想方设法削弱我们？简言之，一个嫉恨我们繁荣兴盛的政权，还适合统治我们吗？凡是回答“不”的人，都是支持独立的人，独立的问题无非是：由我们自己来制定法律，还是让北美大陆现在及将来最大的敌人英王来告诉我们“除了我满意的，这里不准有任何法律”？

你可能会说，英王在英国也同样有否决权，不经他允许，英国人也不能制定法律。按常理讲，一个21岁的青年（这是常有的事情）对着几百万民众，其中不乏比他年长、睿智的人，说“我不准你们提出的这项或那项法案成为法律”，这是非常荒谬的。虽然我绝不会停止揭露这种荒谬，但在目前的情况下，我的回答是：“英国是英王的住所，但北美不是。两者情况完全不同。”英王在北美大陆拥有否决权所造成的危害，比在英国大十倍。因为在英国，对于一个旨在充实英国国防的议案，英王一般是会同意通过的，但在北美，类似的议案势必会被英王否决。

在英国的政治体系中，北美居于次要地位。英国只有在满足自己的意图后，才会顾及北美的利益。所以，出于自身利益的考虑，英国在那些不能增进自身利益的方面处处压制北美的发展，至少是设置各种障碍。从已经发生的事实来看，在这样一个“二手政府”的管辖下，我们不久就会“形势大好”！人们并不会因为换了个名字就化敌为友。为了提醒大家，和解的主张在当下是危险的，我必须指出，英王为了恢复对各领地的统治，将废除那些引起民愤的法案。其目的在于利用阴谋诡计，最终实现无法用武力在短期内完成的目标。和解与毁灭是密切相关的。和解与毁灭是密切关联的。

其次，我们所能期望得到的最好的条件，也无非只是权宜之计，或是一种受监管的政府。这种政权在殖民地发展成熟后就难以为继了。所以，在过渡期，总体形势和局面都是不稳定、前途渺茫的。有资产的移民绝不愿到一个政体危在旦夕、每天都可能发生暴乱的国家去。而许多现有居民也将抓紧时间处置自己的资产，以便离开这片大陆。

在所有论据中，最有力的一点是，除了独立，即建立北美大陆自己的政府外，再没有其他方式能维护北美的和平，使其免受内战的侵害。我担心，现在若和英国和解，很可能接踵而来的就是某处暴乱，其后果或许比英国所有的恶意都更为可怕。

数以万计的人已被英国的暴行所残害，还有成千上万的人可能面临同样的厄运。那些人的想法和我们这些未受苦难的人不同。他们为争取自由牺牲了曾拥有的一切，如今，他们一无所有，除了自由。既然已没有什么可失去，他们自然鄙视投降屈服。此外，北美殖民地对英国政府的普遍态度，类似一个即将结束青春期的少年一样无所顾忌。而一个无法维持稳定的政府就根本不能称之为政府，供养这样的政府简直就是在花冤枉钱。试问，如果在和解后的第二天发生内乱，那么权力只体现在纸面上的英国，又能有何作为呢？我曾听有些人说（我相信其中大部分人都是没有经过思考的），他们之所以害怕独立，是因为担心这会导致内战。未经过深思熟虑的想法往往都是错误的，这次也不例外。一个靠左修右补来勉强维持的关系远比独立更令人担忧。我站在受害者的角度声明，假若被赶出家园、财产遭毁、境遇窘迫，作为一个有骨气的男子汉，我绝不会赞成和解的主张，也不认为自己对此负有任何责任与义务。

北美各殖民地已显现出良好的秩序与遵从大陆政府的精神。这足以使任何有理智的人都对这个领导机构放心满意。我们毫无理由担忧，一个殖民地会企图凌驾于另一个殖民地之上。只有那些幼稚荒谬的理由，才会让人杞人忧天。

既然彼此没有差别，就不会有地位高低之分；绝对的平等就不会产生诱惑。欧洲各共和国都是（而且我们可以说一直是）和睦的。荷兰与瑞士无论内外，都没有战事。而君主制国家却从未享有长期的和平安定。从内部说，王位本身就是野心勃勃的暴徒们所垂涎的对象，此外，那种时刻伴随着王权的骄奢、狂妄也会不断膨胀，继而导致国际冲突。而在同样的情况下，一个以更自然的原则基础建立的共和制政府，却能纠正这种错误。

如果真要有什么理由为独立担心，那就是尚未制定计划，人们看不到自己的出路。所以，作为这项事业的开端，我提出以下几点建议。同时，我承认，我的这些意见只是为了抛砖引玉。将各人的零散想法汇总起来，往往能组成某种素材，由睿智者整理提炼，化腐朽为神奇。

各殖民地的会议应每年召开一次，并设一个会议主席。代表应更平均，他们的议题应全部关于内部事务，并听命于大陆会议。

每个殖民地应分成六、八或十个区。每个区推选适当数量的代表参加大陆会议，因此每个殖民地至少派出30名代表。大陆会议的代表总计至少有390人。每届大陆会议都应用以下方法召集并选出一个会议主席：当代表们齐聚一堂时，通过抽签的方式从全部13个殖民地中抽出一个殖民地，然后让所有代表从该殖民地代表中票选出一位来做会议主席。到下届会议时，上届产生会议主席的殖民地排除在抽签之列，从余下12个殖民地中抽签票选出会议主席。以此类推，直到13个殖民地都轮过为止。为保证所通过法律的公正性，五分之三以上的人数才能称为“多数”。在这样一个公平公正组织的政府下，谁要是想挑拨离间，那一定是加入了撒旦反抗上帝的行列。

既然这件事最初应由谁做，或以什么方式做，令人大伤脑筋；既然看似最合适的方法是由介于统治者和被统治者之间的中间团体，即居于大陆会议和人民之间的团体来做，那就让殖民地会议按以下方式和宗旨来召开吧。

组成一个26位成员的大陆会议委员会，即每个殖民地两人。由各州议会或制宪会议产生两位委员。各州从全州人民中选出五人，代表并捍卫全州的利益。这些代表由州内各地、所有有资格的选民在州首府选举产生，或者为了方便起见，代表也可从各州人口最密集的两三个地区产生。这种召开会议的方式将处理事务的两大要素结合起来，即知识与权力。大陆会议、各州议会或制宪会议的成员们已有从政经验，他们将成为能干、有用的公职人员。而整个机构既经人民授权，就具有真正的法律权威。

议员们应草拟制定《大陆宪章》或《联合殖民地宪章》（和所谓的英国《大宪章》相对应）；确定大陆会议、州议会的代表人数、选举方法以及召开的日期，并划定它们各自的职责与权力范围。我们要一直牢记，我们的力量源自整个大陆，而不是某个殖民地。要在良心的指引下，捍卫所有人的自由与财产，尤其是宗教信仰的自由，以及其他类似有必要写进宪章的权利。此后，以上会议应随即解散，并根据《宪章》选出一些人，暂时担任北美大陆的立法者与管理者。愿上帝保佑他们平安与幸福，阿门！

倘若将来某些人因此或类似的某个目的被选为代表，我愿把明智的政治家德拉戈内蒂的话送给他们："政治家的科学，在于确定幸福和自由的真正要义。那些创立使国家花费最小代价，谋取个人最大幸福的政体的人，值得我们永世感恩。"[①]

或许有人会问，北美的国王在哪儿？朋友，我要告诉你，他在天上统治着，不像英国国王那样残害人类。就算用世俗荣誉来说，我们也不应感到遗憾。让我们庄重地选定一天来宣布《宪章》；让它以神圣的律法和上帝之道为依据；让我们为它加冕，从而让世人知道，假若说我们赞成君主政体，那么在北美，法律就是国王。在专制政体中，国王便是法律，同样，在自由国家，法律应当就是国王，此外不应有其他。为了防止今后发生滥用权力的现象，我们不妨在典礼结束时就废除国王这一称号，将其权力分散给有权享受它的人民。

建立我们自己的政府是我们天赋的权利。当一个人仔细考虑人事的无常时，他就会深信，冷静审慎地组建自己的政府并掌握权力，比将这种利益重大的事情交给时运更明智、安全。如果我

---

① 德拉戈内蒂《论德行与报酬》。——原作者注

们现在忽略这一点，将来或许会再出现一个马萨涅罗[①]。他能操控民众的不安和忧虑，并纠集亡命之徒与不满之辈篡夺政权，然后像洪水一样将北美大陆的自由一扫而空。倘若北美的政权再次落入英国人手中，动荡的局势会诱使某个铤而走险的冒险家来碰碰运气。在此种情况下，英国能给予我们什么帮助？还没等它听到消息，灾难事件就已发生了。我们就将遭受征服者威廉统治下的、可怜的英国人曾经受的那些苦难。你们这些反对独立的人，根本不清楚自己在做什么。你们让政权出现真空，从而为无休止的暴政敞开大门。

千千万万的人都认为，将英国人驱逐出北美大陆是光荣的。野蛮残酷的英国人曾煽动印第安人与黑人来消灭我们，这种暴行含有双重罪恶，既对我们残忍无情，又背叛欺骗了印第安人和黑人。我们的理智禁止我们相信某些人，但我们的情感（已被伤害得千疮百孔）又命令我们去憎恨他们。和这些人奢谈友谊是疯狂且愚蠢的。我们之间仅存的那点亲密关系日渐损耗殆尽。难道有什么理由希望，在两者间的关系荡然无存时，彼此的感情却与日俱增？或者，当我们就十倍于过去更重大的事务发生争论时，

① 托马斯·阿涅罗，又称马萨涅罗，意大利那不勒斯的一位渔夫，他在公共市场上鼓动同胞，以反抗西班牙人的压迫（当时，那不勒斯被西班牙占领），并怂恿他们起义，马萨涅罗在一天内成为国王。——原作者注

意见反而更趋一致?

你们这些大谈和睦与和解的人，能把流逝的时间还给我们吗?你们能给娼妓往日的纯洁吗?同样，你们也无法让英国与北美和解。如今，英美之间最后一根纽带也已断了，英国人正发表各种言论反对我们。这是上天也无法原谅的伤害，否则它也不能成其为上天。倘若丈夫能够宽恕强奸其妻子的暴徒，那么北美大陆也能原谅英国的那些凶手。上帝赋予我们不可抑制的情感，去追求美好与智慧。它们是我们心中上帝形象的守护者。它们使我们区别于其他普通动物。倘若我们冷酷麻木，社会契约就会终止，正义就会在世上灭绝，或者只是昙花一现。倘若我们所遭受的伤害并未激起我们去追求正义，那么，强盗和杀人凶手多半会逍遥法外。

啊!你们这些热爱人类的人!你们这些既敢反对暴政又敢反对暴君的人，请站到前面来!旧世界的每个角落都充斥着压迫。在地球各处，自由遭到迫害。亚洲和非洲早已将她驱逐出境。欧洲视她为异端。英国则已向她发出了驱逐令。啊!接纳这个逃亡者吧，及时为人类准备一个避难所。

第四章
论当前北美的实力及其他杂感

不管在英国还是北美，凡是我遇到的人，都认为这两个国家迟早会分离。然而，在确定所谓的北美独立的成熟时机或适当时机时，我们却表现得毫无判断力。

既然所有人都认同这一方案，只是对时间的考虑有所不同，那么，为了免除错误，就让我们对形势做个综合评述，并尽可能确定合适的时间。其实，用不了多久，探究工作就会终止，因为时间会自动找上门来。社会共识以及所有事件汇聚的光辉趋势都证明了这一事实。

我们巨大的力量不在于人数，而在于团结。当然，我们目前的人数足以抵御全世界的武力。现在，北美大陆拥有普天之下最庞大的装备精良、训练有素的军队，而且它的力量达到一个恰到好处的节点，即任何一个殖民地都无法单独自立，但联合起来作为一个整体就能成事，比这多一分或者少一分都可能带来致命的后果。我们的陆军力量已足够强大，至于海军方面，我们不可能没意识到，只要英国仍掌控着北美大陆，就绝不会允许北美发展海上力量。所以，即便在百年之后，我们的海军建设也不一定比现在更有进展。事实上，可能还不如今天，因为我们的木材资源每天都在减少，最后剩下的那些不是长在偏远地区，就是很难获得。

如果北美大陆人口密集，那她在目前情况下所遭受的苦难是无法忍受的。我们的海港城市越多，需要防卫和放弃的城市也就越多。我们现在的人口幸好刚满足我们的需要，所以没有谁无所事事。减少贸易可以腾出人力组建军队，而军需又产生了一项新的生意。我们没有债务，如果为了独立而欠债，那将是我们德行的光荣纪念。只要我们能把一个固定的政权形式、一个独立且独特的政体留给后代，那付出任何代价都是物超所值的。然而，如果花费数百万英镑，只是为了废除几项法令和推翻现任内阁，那就得不偿失了，而且，这是在用最残忍的方式对待我们的子孙，因为我们留给他们一项尚未完成的艰巨工作，并让他们背负了从中得不到任何好处的债务。对于有尊严的人而言，这种想法是卑鄙的，但它却是心胸狭隘者和无聊政客的标签。

如果我们的事业得以完成，那一点债务也是不足为虑的。任何一个国家都不应该没有债务。国债就是国家的证券，只要不付利息，就没什么大不了的。英国负债1.4亿多英镑，应付利息超过400万英镑。但与此同时，它又拥有一支强大的海军；北美没有债务，但也没有海军。其实，我们只需花费英国国债的二十分之一，就能拥有一支同样强大的海军。如今，英国海军装备总价还不到350万英镑。

这本小册子的第一版和第二版没有列出以下资料，现将它们整理出来，以证明上述估算数值是合理的。[①]

据海军大臣波切特先生的计算，各级别军舰的造价，连同桅杆、帆桁、船帆、索具的装备费用，以及按比例储备的水手与船匠航行八个月所需物资共计为：

单艘军舰配备的火炮数量（尊）	军舰造价（英镑）
100	35,553
90	29,886
80	23,638
70	17,785
60	14,197
50	10,606

① 参阅恩提克《海军史》，绪论，第56页。——原作者注

续表：

40	7,558
30	5,846
20	3,710

据此，我们可以轻易推算出整个英国海军的装备总造价或成本。英国海军在1757年极盛时期拥有以下舰艇和火炮数：

军舰数量	单艘军舰配备的火炮数量（尊）	单艘造价（英镑）	合计造价（英镑）
6	100	35,553	213,318
12	90	29,886	358,632
12	80	23,638	283,656
43	70	17,785	764,755
35	60	14,197	496,895
40	50	10,606	424,240
45	40	7,558	340,110
58	20	3,710	215,180
单桅帆船、炸弹、火攻船等共85艘		2,000	170,000
合计			3,266,786
添置火炮的费用			229,214
总计			3,500,000

世上没有哪个国家拥有北美这么优越的地理位置，也没有哪个国家像北美这样有能力从内部筹建一支舰队。柏油、木材、铁和绳索都是北美的天然产品。我们无须向外国采购原材料。虽然荷兰人将自己的军舰租给西班牙人与葡萄牙人，从中获取丰厚利润，但是他们造船的原料大部分都是从国外进口的。既然北美是造船的天然工厂，我们就应把建立舰队当作一笔生意。这是我们最有利的投资。海军一旦建成，其价值远高于成本。国家政策的优点在于能把商业与国防统一起来。让我们建立一支舰队吧，如果不需要了，可以出售，借此用真金白银来取代我们的纸币。

关于舰队人员配备的问题，人们一般都会陷入一个巨大的误区。其实，水手完全没有必要占四分之一。那艘可怕的私掠船“死神船长号”在上次战役中，和所有遭遇船都进行了激烈战斗。虽然其船员共有200多人，但水手不足20人。只需几个能干、善于沟通的水手，就能快速指导足够多的、积极的新水手学会船上的普通工作。目前，我们的木材供应充足，渔场又遭封锁，水手和船匠处于失业状态，这正是我们开创海洋事业的良机。四十年前，我们曾在新英格兰地区造过几艘配备有七八十尊火炮的战舰，为什么现在不去做一样的事情呢？造船是北美最值得骄傲的事业，总有一天，她将在这一领域傲视全球。东方的伟大帝国大多在内陆，所以不可能和北美较量。非洲仍处于原始状态。而欧洲各国既没有我们这么漫长的海岸线，也没有这么充足的物产资源。大自然在一方面慷慨，往往会在另一方面吝啬，唯独对北美两方面都很大方。幅员辽阔的俄罗斯几乎没有出海口，所以，它那取之不尽的森林、柏油、铁和绳索只能是用来交易的商品而已。

就安全方面来说，我们也应该有一支舰队。我们现已不再是60年前那个小人物了。那时，我们可能会放心地把自己的财物放在街道上，甚或田地里，门窗不锁也能安然入睡。但是现在情况不同了，我们自卫的方式应随着财产的增加而有所改进。12个月前，一个普通的海盗就可能沿着特拉华河逆流而上，肆意向费城的居民勒索巨款。同样的事情也可能在其他地方发生。更有甚者，任何一个胆大妄为的家伙驾着一艘装有14或16尊火炮的双桅船，就可能洗劫整个北美大陆，抢走价值五十万英镑的财物。这些情况值得我们注意，也指出了海防的必要性。

或许有些人会说，和英国和解后，她会保护我们的。难道我们会愚蠢到认为，英国会派海军常驻我们的海港来保护我们？常识告诉我们，那种一直企图征服我们的势力是最不适合来保护我们的。征服可能在友谊的伪装下得以实现，而我们在长期的英勇反抗后，终将受到欺骗而沦为奴隶。试问，如果不让英国的军舰进入我们的港口，她又如何来保护我们呢？远在三四千英里之外的海军几乎起不到什么作用，突发紧急事件时，更是毫无用处。

因此，假如我们必须自卫，为什么不自力更生？为什么要仰仗他人呢?

英国军舰的名单很长，且武装强大，但任何时候，其中可供使用的船只不到1/10。很多船现已不存在了，但只要还剩一块船板，它们的名字就会虚张声势地保留在名单里。在尚能使用的船只中，能停靠在任何港口随时待命的不到1/5。东印度群岛、西印度群岛、地中海、非洲以及英国势力所扩张到的其他地区，都对英国海军有很大的需求。由于偏见和疏忽，我们对英国海军存有一种误解，认为好像要同时和整个英国海军对抗似的，因而便认定我们必须拥有一支同样强大的海军。这种不可能立即实行的方法，曾被一伙伪装起来的托利党人[①]利用，以阻挠我们兴建海军的计划。其实，这种想法极为荒谬，因为我们只需拥有英国海军1/20的力量，就能成为英国的劲敌。因为我们既没有也不企图侵占任何他国主权，我们所有的海军都可以驻扎在自己的海岸上。从长远来看，我们比对方占双倍的优势：他们必须航行三四千英里，长途跋涉来和我们作战；然后还要经过同样的距离返航修理船只和补充给养。虽然英国舰队可以截断我们和欧洲的贸易，但

① 北美独立前后，主张与英国和解的亲英分子自称“亲英派”，主张独立的人称他们为“托利党”，而独立派则被称为“辉格党”。另外，英国也有一个政党叫托利党，产生于17世纪末，19世纪中叶演变为英国保守党。——译者注

我们也同样可以阻碍她和西印度群岛之间的贸易，因为西印度群岛毗邻北美大陆，完全在我们的掌控之下。

如果我们认为没有必要在和平时期维持一支常备军队，那也可以采取某种保持海军兵力的办法。例如，奖励商人建造并使用装有20、30、40或50尊火炮的船只（奖金额度和载炮所导致的船舱容积损失成正比）。只要有五六十艘这样的船只，再加上几艘经常巡逻的警戒舰，就能保持一支足够强大的海军兵力。这样，我们也不会遭遇那个令英国人头疼的难题：即在和平时期，眼睁睁看着舰队在船坞里腐烂。将商业资源和国防力量结合起来是很有效的策略。因为当我们的兵力和财富相辅相成时，我们就不必惧怕任何外敌了。

几乎任何一种国防物资在北美都非常丰富。苎麻到处可见，所以我们不缺索具。我们的铁质量比其他国家都好。我们的轻武器不比世界任何一个国家的差。大炮甚至可以随意制造。硝石和火药每天都在生产。我们的知识无时无刻不在增加。意志坚定是我们与生俱来的品质，勇气也从未离开过我们。我们还缺什么呢？我们为何还再犹豫？除了毁灭外，我们不能指望从英国获得任何东西。倘若英国对北美的统治权再度得到确认，这个大陆就不值得我们再住下去了。那时候，必会猜忌纷起，暴动不断。谁会挺身而出平息这一切？谁会冒着生命危险迫使自己的同胞屈从外国的统治？宾夕法尼亚和康涅狄格关于几处疆界未定的地区发生争执，不但表明英国政府无足轻重，而且充分证明只有北美自己的政府才能管理北美大陆的事务。

还有一个理由足以证明现在正是独立的最佳时机：即北美的人口越少，还未被占用的土地就越多。这些处女地若不被英王胡乱赏赐给他那些卑劣的仆从，今后就能得到开发利用，其收入不但可以偿还目前的债务，还能为政府提供稳定的经费来源。普天之下没有哪个国家具备这么优良的条件。

我们所说的北美殖民地的幼稚状态，并不是反对独立的理由，而是有利于独立的论据。我们的人口足够多了，再多的话，就可能产生矛盾，没那么团结。值得注意的是，一个国家人口越多，其军队就越少。在军队数量上，古代各国远远超过现代国家。其原因显而易见，人口增长带来贸易繁荣，人们便专注于商业而无暇去顾及其他事情。商业削弱了人们的爱国精神和军事防御精神。历史充分证明，最卓越的功业总是在一个国家未成年时完成的。随着商业的发展，英国已丧失进取精神。伦敦虽然人口众多，但却怯懦地忍受着接二连三的侮辱。人们可能受到的损失越大，就越不愿冒险。通常来说，有钱人都是胆小鬼，一副摇尾乞怜的小人模样，战战兢兢、口是心非地屈从于宫廷势力。

青春期是良好习惯的播种时期，对个人如此，对国家亦如此。此后半个世纪，在北美大陆建立单一的政府，这即便不是不可能的，也会非常困难。由贸易和人口的增长所引起的大量利害关系将催生混乱。殖民地之间会纷争不断。各殖民地因羽毛丰满，而不再互相帮助。当傲慢愚蠢的人为一点成绩而沾沾自喜时，有识之士却在痛惜之前未能结成联盟。所以，现在正是建立联盟的最佳时机。在幼年时期建立的亲密关系和在患难时结下的友谊，是所有情谊中最持久和牢不可破的。北美现在的联盟具有以下两个特点：我们还年轻，并且曾经历过苦难；团结使我们共渡难关，并开创了一个足以令子孙后代引以为荣的、值得纪念的家园。

现在也是一个特殊的时期，一个国家只有一次机会组建自己的政府。大多数国家都错过了这个机会，因而不得不接受征服者强加给他们的法律，而无法给自己制定法律。这些国家都是先有一个国王，然后再组成某种形式的政府。然而事实上，应该首先制定政府的各项法规或宪章，然后再授权一些人遵照执行。我们不妨从其他国家的错误中吸取经验教训，抓住眼前的机会，正确地组建政府。

威廉一世征服英国时，曾用刀剑强迫英国人接受自己的法律。北美政权在占有合法的、权威的地位之前，存在被某个走运的暴徒篡夺的危险。他可能会用同样的态度来对待我们，到那时，我们的自由何在？我们的财产何在？

至于宗教，我认为保护所有真诚宣布自己宗教信仰的人，是政府不可推卸的责任。除此之外，我不知道政府在这方面还有什么别的职责。倘若摒弃各行各业小气鬼都固守的狭隘心理与自私原则，人们就会立刻摆脱各种恐惧。猜疑和卑鄙的灵魂如影随形，是一切美好社会的毒药。就我自己来说，我真诚而充分地相信，世界上存在多种多样的宗教信仰是上帝的意志。这也为基督教徒发扬仁爱宽厚的精神提供了更广阔的舞台。倘若世人只有一种思维方式，我们的宗教倾向就缺少检验的依据。根据这个宽容的原则，我认为，不同的教派就是一个家庭中的几个孩子，只是他们的教名不同而已。

在前文中，我曾对《大陆宪章》的性质约略发表了几点看法（我只是抛砖引玉，而不是提供方案）。这里，我再度提起这个话题。我认为，宪章应该是一种人人都必须参加的神圣义务盟约，用以保障各部分在宗教、个人自由和财产等方面的权利。牢固的契约与正确的账目可以使友谊地久天长。

前文中我还曾提到建立广泛而平等的代议制的必要性。再也没有比这更值得我们注意的政治问题了。选民人数少或代表人数少，都是危险的。倘若代表人数少，且不平等，危险就更大了。我举以下事为例：当主张联合的人将请愿书提交至宾夕法尼亚州议会时，只有28名议员出席，巴克斯郡的所有8名议员都投反对票，切斯特郡的7名议员也投反对票，这样整个州就被区区两个郡所操控了，而这种危险时有发生。议会在上次开会时，非法延长会期，企图获得凌驾于代表之上的不当权力，这种行为应引起全体人民的警觉，看看他们是怎样亲手把权力交付出去的。给代表议员们的一套指示完全是拼凑起来的。不管是从常识角度，还是从专业角度，这套指示连小学生都会感到难为情，但它们却经过极少数人的同意后，被提至议会，并以全州的名义得以通过。倘若全州人民知道，议会在制定某些必要的公共措施时居心不良，那他们肯定会毫不犹豫地认定那些议员辜负了自己的信任。

迫切的需要使我们不得不采取许多权宜之计，但若不加完善继续采用，这些措施就会变成压迫。权宜手段不一定是正当的。当北美遭遇危险，需磋商解决时，最简便或最适当的方法就是让几个州的议会派人来共商大计。这些人在工作时所表现出的智慧，曾使北美大陆免遭毁灭。然而，我们不可能永远没有国会。任何一个期待良好秩序的人都必须承认，选举国会议员的方法是值得认真考虑的。我要问研究人类的人们这样一个问题：让同一群人掌握代议权和选举权，他们的权力是不是过大？从长远来看，我们应记住，德行并不遗传。

我们经常从敌方获得绝妙的箴言，并时常被他们的错误所惊醒，开始用理性思考问题。康沃尔先生（英国财政部大臣之一）因为纽约州议会仅有26位议员，而对其请愿不屑一顾，他认为，这么一点人数，根本代表不了全体人民。我们要感谢他这种无意中显露的诚实[1]。

总而言之，虽然有些人觉得很奇怪，抑或有些人不愿接受这种看法，但这都没关系，诸多显而易见且毋庸置疑的理由说明，只有公开地果断宣布独立，才能快速解决我们面临的种种问题。其中有几点理由如下：

第一，根据国际惯例，当任何两国交战时，应由未牵涉其中的第三方出面调解，提出缔结和约的草案。然而，只要北美大陆仍自称为大不列颠的臣民，任何国家，不管它对我们怀有多大好感，都不能出面调解。而就目前情况来看，英美争端可能会一直持续下去。

第二，那种认为法国或西班牙会为我们提供任何形式援助的看法是不切实际的。如果我们只打算利用这种帮助来修补裂痕，强化英国和北美大陆的关系，那势必会让法、西两国蒙受损失。

第三，只要我们还自认为是英国的臣民，那在外国人看来，我们就是叛徒。以臣民的名义揭竿而起，多少会给自己招来危险。我们现在就可以解决这一矛盾。但若要将抵抗与臣服连在一起，则需要精细得多的思想，绝非普通人所能理解的。

第四，我们或许可以发表一份宣言，分送给各国政府，陈

---

① 若想全面了解广泛而平等的代议制对一个州的重要性，可阅读伯格的《政治研究》。——原作者注

述我们所遭受的痛苦，列举我们为修复英美关系而采取的和平却又徒劳无益的办法；同时声明，由于我们不可能再在英廷残酷的统治下过上幸福或安全的生活，我们不得不切断和英国的一切联系；此外，还要向各国表达追求和平并开展贸易的愿望。对于北美大陆来说，这样一份备忘录比运送一船请愿书到英国更有效。

在英国臣民的名义下，我们既不可能被其他国家接受，也不会有人倾听我们的呼吁。国际惯例对我们不利，并将永远这样，直到我们通过独立和其他国家平等为止。

乍看起来，这些行动似乎是异想天开并且困难重重的，然而，就像我们已经历的其他步骤一样，它们很快就会变得合适且熟悉了。在宣布独立前，北美大陆就像这样一个人：他总是把某件烦心事一拖再拖，但心里又清楚这事非做不可，只是不愿动手，希望能够不了了之，但同时又念念不忘它的必要性。

附录

自这本小册子初版问世以来，或者说，就在它出版的那一天，英王的讲话也在这个城市[①]出现了。就算是在先知的指引下，我们也找不到比这更合适的关头或更有必要的时机来出版此书了。一方的嗜血残酷正好证明另一方有必要采取相应的措施。人们从英国的报复行动中看清了一切。英王的言论不但没有吓倒我们，反而为果断的独立主张铺平了道路。

不管动机如何，不管是遵循礼法还是保持沉默，人们只要对卑鄙恶毒的行为稍有默许，就会带来严重的后果。假若大家认同这一看法，自然就会得出这样的结论：英王的言论非常邪恶，不管是现在还是将来，都应受到国会和民众的一致谴责。然而，由于一个国家内部的太平很大程度上取决于所谓的“国

① 指费城。——译者注

民素养”，所以，我们往往会对一些事不予理睬，用沉默表示轻蔑，而不是采用表示憎恶的新方法（这种方法可能会为我们和平与安全的守护者带来一些变革）。或许就是因为这种谨小慎微的态度，才使英王的讲话在此之前并未遭到公众谴责。那篇演讲（若可以称之为演讲的话），也只不过是对真理、公共利益和人类生活的肆意攻击。它用一种头头是道、华而不实的方式将人类献祭给狂妄暴君。当然，这种对人类的大屠杀是君王们的一项特权，也是君主掌权的必然后果。因为造化不了解君主，而君主们也未参透造化。虽然君主是由我们自己创造出来的，但他们不仅不了解我们，反而还成为他们的创造者的神明。不过，英王的演讲有一个优点，那就是并没有想方设法欺骗我们，即便我们愿意上当，也不会受骗，因为其字里行间充斥着专横与暴虐，绝不会让我们产生误解与迷惑。每一行文字，甚至每一个阅读瞬间，都让我们确信，英国国王比赤身裸体在森林里狩猎的未开化的印第安人更野蛮。

据说，约翰·达尔林普尔阁下就是那篇充满哀鸣与诡辩之词的、荒谬地题名为《英国人民致北美居民书》的作者。他可能想当然地以为，北美人民会被他对国王的吹捧与描述所吓倒，因而清楚地勾勒出当今英王的真实性格（虽然对他而言，这是非常不明智的）。他这样写道：“假若你想赞扬一个令人满意的政府（指废除《印花税法案》的罗金汉侯爵内阁），但又不去歌颂国王，这是非常不公的，因为只有国王点头同意，内阁成员才能执行。”这是十足的保守主义观点！赤裸裸的偶像崇拜！谁要是能心平气和地接受这种主张，那他不但丧失了理性，而且还背弃了人伦秩序，甚至放弃了人类应有的尊严，将自己置于动物之下，像条毛虫一样在世间卑鄙地爬行。

不过，不管英王说了什么，做了什么，现在都无关紧要了。他已经居心叵测地打破了人类所有的道德和义务，践踏了人类的天性和良心，并因其一贯的傲慢和残酷招来公愤。现在，北美大陆的当务之急就是为自己寻找出路。北美殖民地已组建了一个年轻的大家庭，我们的责任是照顾这个大家庭，而不是慷慨地拿出财产去支持一个玷污了人类与基督徒名誉的政权。不管皈依哪个门派，我们都有责任守护国家的道德和精神。同时，我们更是公共自由的守护者。如果你们想要保护自己的祖国不受欧洲腐败的侵染，那你们内心深处一定渴望独立。除了将道德部分留给大家自己思索外，我将主要就以下问题做进一步阐释：

首先，脱离英国而独立，是符合北美大陆利益的。

其次，和解或独立，到底哪个方案更容易、更切合实际呢？这里再附上一些补充说明。

为了证实第一点，我可以转述北美大陆最有才干、最有经验的人的意见。虽然他们的主张还未公之于众，但事实上已显而易见。因为任何一个国家，只要依附于外国，其贸易必然会受到限制，立法权也将受到束缚，永远无法跻身强国之列。虽然北美大陆已有的发展是其他国家无可比拟的，但她还不知道什么是富裕。倘若她能掌握立法权（这也本应如此），那和她可能达到的成就相比，现在还只是幼年期。英国正洋洋得意地觊觎着即便得到也对其无益的东西，而北美大陆则正对一个稍加忽视就会导致其灭亡的问题犹豫不决。英国能受益的，是和北美进行贸易，而不是政府北美。假如英美能像法国与西班牙一样彼此独立的话，两国贸易在很大程度上仍会继续。因为有很多商品，双方都找不到更好的市场。北美大陆脱离英国或其他任何一个国家而独立，是目前主要的，也是唯一值得讨论的问题，这就像那些必然会被发现的真理一样，将日益清晰有力。

一是因为它迟早会产生这样的结果。

二是因为拖延的时间愈长，完成起来将愈困难。

在公共和私人聚会上，我经常以默默听高谈阔论者荒谬无稽的言论为乐。在我听到的多种谬论中，以下这个观点似乎是最常见的，即，假如是在四五十年后而不是现在和英国决裂，北美大陆将更有可能摆脱这种从属地位。对此，我的回答是，我们目前的军事实力得自于上次战争[①]的经验，四五十年后，一切都将消失殆尽。到那时，北美大陆将不再有一名将军，甚至连一位军官也没有。而我们，或者我们的继承人，在军事方面将像古印第安人一样无知。单单这一点就无可争辩地证明，现在是独立的最佳时机。于是，论证就成了这样：上次战争结束时，我们有了经验，但人手不足；四五十年以后，我们人手充足，但没有经验。所以，最合适的时间点一定是两端之间特定的某一点，在这一点上，既保留有充足的经验，又有适当增加的人手：这个时间点就是现在。

请读者原谅我说这些离题话，因为这和我的最初议题关系不是很大，现在，我们再回到本题：

如果我们和英国和解，让其继续享有对北美的统治权与主权（随着目前形势的发展，北美正在彻底放弃这一观点），我们就会失去还债或再行借款的途径。由于加拿大疆域的无理扩张[②]，某些殖民地的边远地区已蒙受损失。若以每一百英亩价值5英镑计

① 指1754—1760年间，英国和法国在北美的一场战争，该战争属于“七年战争”的一部分，英属北美殖民地参与其中，印第安人则在这场战争中和法国结盟，攻打英国。1760 年，英国攻陷蒙特利尔，战争结束。——译者注

② 1744年，英国议会为加强对加拿大魁北克省的统治，颁布了《魁北克法案》，将英属北美 13 个殖民地以西的俄亥俄河流域与伊利诺伊地区划归魁北克，该法案限制了北美殖民地西部边境的扩张，损害了殖民地的利益，激化了殖民地人民的反英情绪。——译者注

算，折合成宾夕法尼亚币达2500万镑以上；免役税以每英亩1便士算，每年达200万镑。

出售这些土地，就可以偿还债务，解除负担；所收免役税能减轻并迟早完全承担政府的年度开支。还债期限不在长短，只要售卖土地的收入用来还债就行。这些事务，暂时委托大陆会议处理。

现在，我们来谈论第二个问题，即和解或独立，到底哪个方案更容易、更切合实际？并顺便做一些评论说明。

凡是遵循自然规律的人，很难被驳倒。根据这一点，我的回答是：独立是唯一的、简单的路线，只涉及我们自身；和解则是一个非常错综复杂的问题，有一个背信弃义、反复无常的宫廷插手进来。答案毫无疑问。

北美的现状，对每一个有思考能力的人都敲响了警钟。没有法律，没有政府，除了基于恩惠也受之于恩惠的权力外，没有其他任何形式的权力。我们仅靠一种史无前例的凝聚力团结起来，但这种维系容易改变，每一个隐秘的敌人都企图瓦解它。我们现在的情况是；有立法却无法律，有智慧却无方案，有政体却无名称，最令人惊讶的是，明明具有理想的独立性，却硬要依附于人。这种情况史无前例。谁能预测其结果呢？在目前这种放任松散的状态下，任何人的财产都无法得到保障。人们都怀从众心理，随波逐流，因为没有既定目标，他们便追逐虚幻或众口一词的东西。无所谓犯罪，也没有叛国一说，每个人都自认可以随心所欲，为所欲为。托利党人若知道根据国法，公然聚众会丢掉性命的话，他们肯定不敢这么做。在被俘英国士兵和持械北美居民之间，我们应划清界限。前者是俘虏，后者是叛徒；一个应剥夺其自由，另一个应砍掉其脑袋。

虽然我们不乏智慧，但在某些行动上明显不力，致使分歧增长。“大陆的腰带”扣得太松了。倘若不及时采取行动，一切都将晚矣，到时我们将陷入一种既不能和解又无法独立的尴尬处境。英王和他那些微不足道的信徒忙于重施分裂大陆的伎俩。我们的印刷商中也不乏忙着散布似是而非谎言的人。几个月以前，那封发表在纽约两家报纸以及其他两家报纸上的狡诈虚伪的信札，证明有些人既没有判断力，又不诚实。

躲在洞穴和角落里大谈和解是很容易的。不过这些人是否认真考虑过，这项任务有多困难？倘若北美大陆因此而分裂，将有多么危险？他们是否意识到，除了自己，其他各类人的情况也应被考虑在内？他们是否曾设身处地地想到那些已一无所有的受难者，想到那些为保卫国家而牺牲一切的战士？倘若他们不当的温和克制只是出于自身的考虑，而不顾及他人的情况，那么结果将让他们明白，“他们是未经同意，擅自决定的”。

有些人说，让我们重回1763年[①]吧。对此，我的回答是：目前，英国既不能满足这个要求，也不会提出这一建议。倘若英国能满足这个要求，我自然会追问："用什么方法才能让这个腐败、背信弃义的宫廷履行义务？"下届议会，不，甚至本届议会，他们就可能借口说它是用暴力手段获得的，或称当初的决定不明智而撤销这种义务。在那种情况下，我们该如何解决？根本无法诉诸法律，大炮就是国王们的律师。决定诉讼的，不是公正，而是武力。要想重回1763年，只是让法律回到从前是不够的，我们的生活环境也应恢复原样：被烧毁、破坏的城市应重新修建；我们的个人损失应获得补偿；我们为保卫家园而举借的公债应当免除。否则，我们的处境将比那个令人羡慕的时代糟糕百万倍。这样的要求若在一年前得到满足，英国或许还能赢得北美大陆的拥戴，但是现在为时已晚，我们已经"渡过卢比孔河"[②]。

---

① 1763年，"七年战争"结束，这场战争以英国和法国为首，是欧洲列强之间争夺殖民地和贸易控制权的战争。最终，英国取胜，双方签订了《巴黎条约》。根据这一条约，法国丧失了整个加拿大、密西西比河以东的全部领土，而英国获得了北美地区的占有权。——译者注

② 卢比孔河是意大利北部一条约29公里长的河流。"渡过卢比孔河"是西方一句有名的谚语，意为"破釜沉舟"，该典故源自公元前49年，恺撒打破将领不得带兵渡过卢比孔河的禁忌，进军罗马和庞贝展开内战，并最终取得胜利。——译者注

此外，只为取消一项财政法令而使用武力，就像用武力强制推行法令一样，既为神法所不容，也是违背人情的。无论从哪方面来说，都不应为达到目的而不择手段，因为生命宝贵，不应浪费在这些微不足道的琐事上。用暴力威胁我们，用武力破坏我们的财产，用刀剑炮火侵略我们的国家，这些都坚定了我们武装反抗的信念。一旦这种自卫方式成为必要，我们就不应再对英国俯首称臣。北美独立应从打响反英的第一枪就开始了，这一枪宣告了北美的独立。这条线前后贯穿一致，它既不是任意划出的，也不因野心而扩张，而是由一连串并非由殖民地挑起的事件所产生。

我将用下面这些适时、善意的提醒来结束我的评论。我们应当了解，北美大陆可以采取三种不同的方式实现独立，而其中任何一种迟早会决定北美的命运。它们分别是：依靠人民在议会中的合法呼声；使用军事力量；或者发动群众起义。我们的士兵不一定总是公民，而群众也不一定总是理智的。就像我早已说明的那样，德行不是遗传的，也不是永远不变的。假如采用第一种方法实现独立，我们就有各种机会和各方鼓励来建立世界上最杰出、最廉洁的政体。我们有能力重建世界。自诺亚时期[①]以来，还从未发生过目前这样的情形。一个新世界即将诞生，一个人口差不多相当于全欧洲总人口的民族，将从几个月发生的事件中获取自己的自由。这让人心生敬畏，从这一点来看，少数懦弱之辈或急功近利之徒的无端指摘，同这事关全世界的事业相比，是多么微不足道、荒谬可笑。

假若我们忽视眼前这个有利、诱人的时机，此后再采用其他方法实现独立，就只能自担后果。或许，那些心胸狭隘、存有偏见的人更应对此负责。他们总是不加研究或思考，便贸然反对独立。支持独立的理由有很多，人们应自己思考而不是公开讨论。我们现在不应争论是否独立的问题，而应想方设法在稳固、可靠、正当的基础上实现独立，并因尚未启动此事而忧虑。每一天，我们都更坚定独立的必要性。而托利党（倘若我们中间还有这类人的话）应当是所有人中最热心的推动者。因为，最初委员会[②]的成立保护他们免受民众愤怒的伤害，所以，

① 出自《圣经·创世记》中一则故事。上帝看到人类犯下的罪孽，决定将所造的人和走兽并昆虫以及空中的飞鸟从地上全部消灭，只有诺亚获上帝蒙恩，其一家被上帝选中，作为新一代人类的种子保存下来。上帝告知他们要用洪水毁灭世界，让他们造一只方舟避难。洪水暴发后，万物毁灭，只有方舟里人和动物的种子安然无恙，载着上帝的厚望漂泊在浩瀚无边的汪洋上。——译者注

② 指美国独立战争爆发前，即 1772—1774 年北美各殖民地普遍成立了通讯委员会，联络各殖民地议会，领导对英的斗争。——译者注

一个明智、完善组建的政府，将是进一步保卫其安全的唯一可靠手段。因此，假若他们没有足够的德行成为辉格党[①]人，那就应审慎地去追求独立。

总之，独立是唯一能将我们维系、团结在一起的纽带。那时，我们将看清我们的目标，也将不再轻易听信残忍敌人的阴谋诡计。那时，我们将站在合适的立场与英国打交道。因为我们有理由相信，英国宫廷与北美联邦谈判和平条款，远比和其称之为“叛民”的人谈判更有颜面。我们在独立问题上的拖延，助长了英国希冀征服我们的企图，我们的迟疑畏缩只会延长战争。我们曾中断对英贸易以发泄我们的不满，然而却毫无成效。如今，我们不妨通过独立来表明我们的态度，然后开放贸易。英国的商人和通情达理者仍会站在我们这一边，因为，有生意可做的和平环境，远比没有贸易的战争的更好。倘若这个提议不被接受，我们可以向其他国家提出。

我就是在以上基础上解决问题的。至今，尚没有人反驳这本小册子前几版的主张。这从反面证明：要么我的观点无可反驳，要么支持我的人太多，无法反对。所以，不要再迟疑观望了，让

① 这里的“辉格党”指的是美国独立战争前后，主张武装反抗英国统治的人，和主张与英国和解的亲英分子“托利党”相对应。此外，英国历史上也有一个“辉格党”，诞生于 17 世纪末，19 世纪中叶演变为英国自由党。——译者注

我们将真挚的友谊之手伸向邻居，共同画一条线，埋葬并忘却过去所有的纷争。让辉格党和托利党的名字消失，让我们只有这样的称呼：好公民、坦率坚强的朋友、人权自由独立的北美联邦的支持者。

致贵格会信徒书

教友派又称为贵格会[①]，本文是写给贵格会信徒，或是他们中热衷发布最近那篇文章的人。该文章名叫《关于国王、政府以及蔓延北美的骚乱，贵格会信徒以自己古老的证言与原则告全体人民书》。

笔者是从未通过愚弄或苛责任何派别来诋毁宗教的少数人之一。在宗教领域，所有人都只对上帝负责，而不对其他任何人负责。所以，写作本文时将你们看作宗教团体是不合适的，还是把你们视为一个政治团体吧。你们只是不小心涉足了自己奉行的平

① 贵格会，又名教友派、公谊会，兴起于 17 世纪中期的英国及其美洲殖民地，创始人为乔治·福克斯。该教派的特点是没有成文的信经、教义，最初也没有专职的牧师、圣礼和节日，而是直接依靠圣灵的启示，指导信徒的宗教活动和社会生活。它反对任何形式的战争与暴力，主张人人平等，奉行和平主义与宗教自由。——译者注

静原则所禁止的事务中。

因为你们未经正式授权，就宣称自己代表所有贵格会信徒，为了和你们平等对话，笔者也不得不擅自代表那些反对你们观点的人。我还选择了特定的情境，以便你们在我身上找到自己所不具备的品格，因为不管你我，都没有任何政治代表权。

当人们偏离正确轨道，肯定会跌跌绊绊。从你们处理《告全体人民书》的方式来看，政治显然不是你们（作为一个宗教团体）该走的道路。虽然你们自认为措辞得体，但这篇文章就是一篇鱼目混珠之作，从此基础上得出的结论，既不合常理也缺少公正。

我们赞成《告全体人民书》前两页（全文不足4页）的观点，并且也希望得到你们的礼貌对待，因为仁爱以及对和平的渴望并不是贵格会独有的，而是所有教派信徒自然的宗教期许。在这一基础上，当致力于建立属于我们自己的独立政体时，我们便在希望、目的、目标方面超越了其他所有人。我们希冀永久的和平。和英国的纷争令我们感到厌倦，只有最终脱离出来得以独立才能结束这一切。为了永久、持续的和平，我们坚持不懈，承受着今日的罪恶与重担。我们努力，并将持续努力推进独立，终结那种令北美大陆血流成河的关系。这种关系哪怕只存名义，也将是英美未来祸端的致命起因。

我们的斗争既不是为了复仇，也不是为了征服；既不是出于自负，也不是源自激情。我们没有利用战舰和军队欺凌世界，也没有抢劫掠夺全球。我们在自己的葡萄架下受到袭击，在自己的家中，在自己的土地上遭人暴力侵犯。我们视敌人为拦路强盗、入室窃贼，既然不能用民法保护自己，那就不得不用军法惩罚敌人。我们的武器将由你们过去使用的绞索改成刀剑。或许，我们同情北美各地的被伤害者和被凌辱者，但你们中的一些人内心缺少慈悲。请你们确认自己没有搞错《告全体人民书》的动机与基础。务必不要把冷漠的灵魂称作宗教，也不要让偏执盲信的人作为基督徒的代表。

啊，你们这帮心怀偏见的信徒只认可自己知道的原则。倘若拿起武器就是犯罪，那么最先挑起战争的人更是罪大恶极。这两者之间的区别在于，一个是蓄意攻击，另一个是迫于无奈的防卫。

所以，假如你们想真诚地感化世界，而不是使自己的宗教沦为政治玩物，就应对那些同样手拿武器的敌人宣讲你们的信条。唯有如此，你们才能说服整个世界。拿出证据来证明你们的真诚吧：去圣詹姆斯宫[①]发表你们的大作，把它递交给驻波士顿的英军

---

① 圣詹姆斯宫是英国君主的正式王宫，外国派驻英国的大使和专员呈递国书时，按礼节与传统都是呈递到圣詹姆斯宫。它位于伦敦市中心的圣詹姆斯公园附近，离白金汉宫不远。——译者注

总司令以及正掠夺我们沿海市镇的海军将军与船长们，还有在你们效忠的英王的权威下为非作歹的暴徒们。倘若你们有巴克莱[①]一样诚实的灵魂，就应历数英王的恶行，劝其改过，并警告他一意孤行将万劫不复。你们不应该有所偏袒，只责备被伤害、被凌辱的人，而应像虔诚的牧师一样，大声呼吁，绝不姑息养奸。不要抱怨你们遭到了迫害，也不要认为谴责来自我们，所有这一切都是你们咎由自取。坦白地说，我们之所以指责你们，并不是因为你们是贵格会信徒，而是因为你们假装是，但却压根不是贵格会信徒。

唉！你们在《告全体人民书》某些部分的特殊倾向以及你们的部分行动，似乎把所有罪恶都归咎并理解为拿起武器这一行为，而且单针对人民这一方。我们认为，由于你们的行动方向缺少一致性，所以你们大概是将党派成见视为良知了。我们也很难认同你们那些装腔作势的顾虑。因为提出这些顾虑的人，一面宣

---

① “你曾一帆风顺，也曾遭遇不幸；你清楚被驱逐出国门的滋味；你既被人统治过，也曾君临天下。既然曾经受到过压迫，你就应明白，不管对上帝而言，还是在芸芸众生看来，压迫者是非常可恨的。在所有警告、宣扬之后，若你不仅没有全身心皈依上帝，反而将上帝在你失意时给予的眷顾抛诸脑后，那你必将受到严厉惩罚。那些正在或将要诱惑你的人会引你走向邪恶。不要落入他们的圈套。而最有效、最常用的救助方法就是接受耶稣基督照入你内心的光芒。这光芒既不能也不会献媚于你，更不会让你在罪恶之中心安理得。”（《巴克莱致查理二世书》）——原作者注

称自己视金钱如草芥，一面又对钱财穷追不舍。步履如时间一般坚定，欲望强烈如同死神。

在《告全体人民书》的第三页，你们引用了《旧约·箴言篇》里的话："人所行的若使上帝喜悦，上帝便会让他的敌人与他和平相处。"你们引用这句话完全是不明智的，因为它恰好证明，英王的所作所为（你们热切地支持他）并没有使上帝喜悦，不然，他的统治时期应该是和平安宁的。

现在，我们来讨论你们《告全体人民书》的后一部分。相较来说，前面的所有内容似乎都只是序言而已：

"自从我们受到感召，接受耶稣基督的光辉，我们的良心秉持的判断与原则始终是：建立和颠覆国王、政府是上帝独有的特权，因上帝知晓的原因而发生。我们芸芸众生不应插手此事，也不应僭越本分去试图摧毁或推翻国王。我们应该为国王、国家安全以及所有人的利益祈祷：愿我们在所有的虔诚和诚实中，在上帝为我们安排的政府统治下，过上和平宁静的生活。"倘若这果真是你们的原则，那你们为何不遵守呢？你们为何不放下你们所谓的上帝的特权，让上帝自行处理呢？这些原则指示你们，要耐心谦卑地等待所有公共事件自然了结，并把它看作神意来接受。如果你们完全相信自己的观点，那看看你们选择了什么样的发表时机。发表宣言本身就证明，你们根本就不相信自己的言论，或者你们没有足够的德行去践行自己的观点。

贵格会的宗旨明显倾向于将人塑造成最安静、最无害的臣民，无论其身处什么样的政府统治下。倘若建立和颠覆国王、政府是上帝独有的特权，我们就不可能剥夺他的权利，而且，你们也应当对发生在或可能发生在国王身上的各种事情表示认同。奥利弗·克伦威尔[①]感谢你们。因为照这么说，查理一世就是死于上帝之手。倘若现在这个查理一世骄纵的模仿者[②]也同样死于非命，《告全体人民书》的作者和出版者就只能自食其果，对此鼓掌喝彩。君王们并不是被神迹带离尘世的，政体的更迭也不是用世俗之外的手段取得的，而是得自我们眼下使用的手段。就算是救世主早就预言的驱逐犹太人的行动，也需要武力才得以实现。所以，既然你们拒绝支持一方，就不应干涉另一方，而应静观事态发展。全能的上帝创造了新世界，并尽可能远地将其与旧世界分置东西两端。除非你们有另外的神意证明，这种安排表示上帝不赞同北美脱离腐败堕落的英国而独立，否则，你们如何才能根据自己的原则证明令人激奋的“因对所有这些文字、措施的厌恶

---

① 奥利弗·克伦威尔（1599—1658），曾逼迫英国君王查理一世退位，解散国会，并转英国为资产阶级共和国，建立英吉利共和国，担任护国公，成为英国事实上的国家元首。——译者注

② 这里指当时的英王乔治三世，在位时间为1760—1820年。在其统治初期，英国在七年战争中击败法国，以压倒性优势支配着北美洲及印度地区。此后，随着英国在美国独立战争中的失败，乔治三世在美洲失去了大量殖民地，这些殖民地的独立最终促成美国立国。——译者注

而紧密团结在一起，这些文字和措施试图切断我们目前享有的和英国的幸福关联，并阻止我们对英王以及居于其权威下的那些人表达应有的、必要的顺从”。这真是一记响亮的耳光！在上一段中安静、顺从地将任命、更换、废黜国王与政府的大权交由上帝的人，现在想收回这一权利，干预这些重大事务。我们合理引用的结论难道源于既定的原则？这其中的矛盾让人难以忽视；其荒谬程度简直匪夷所思，令人忍俊不禁。只有被一个绝望政党的狭隘执拗所蒙蔽的人才会得出这样的结论。你们不代表贵格会的全体信徒，而只是其中一派，微不足道的一小派。

对《告全体人民书》的分析就到此为止（我并未鼓动任何人来憎恶你们的所作所为，只是让读者自己阅读并给予公证的评判），现再增补以下言论：“扶立或废黜国王”显然是指，让一个还不是国王的人成为国王，将一个已是国王的人推下宝座。这和北美目前的形势又有什么关系？我们既不准备扶立国王，也不计划推翻国王；既不打算让一个不是国王的人戴上王冠，也不准备让一个国王交出宝座。我们的计划和这毫无关系。所以，不管从哪个角度看，《告全体人民书》都只是显现了你们低下的判断力。考虑到其他因素，规劝你们最好把它封藏起来，而不是公之于众。

首先，因为这可能招来对宗教的指摘谴责，并使宗教成为政治纷争中的一个因素，而这对社会来说是非常危险的。

其次，因为这反映出，有一部分人不赞成发表这份政治宣言，但却被卷入其中胁迫成为支持者。

最后，因为这将破坏北美大陆的和睦与友谊。你们最近慷慨仁慈的捐助对建立这种和睦、友谊大有裨益，而保持这种和睦、友谊对我们所有人都非常重要。

现在，我将毫无愤恨地和你们告别了。我诚恳地希望，作为人，作为基督徒，你们可以全面且持续地享有所有民权和宗教权利，并帮助他人享有这些权利。然而，你们却糊涂地把宗教和政治混为一谈。这可能会引来所有北美居民的反对和谴责。

Common Sense

By Thomas Paine

Introduction

Perhaps the sentiments contained in the following pages, are not yet sufficiently fashionable to procure them general favor; a long habit of not thinking a thing wrong, gives it a superficial appearance of being right, and raises at first a formidable outcry in defense of custom. But the tumult soon subsides. Time makes more converts than reason.

As a long and violent abuse of power, is generally the Means of calling the right of it in question (and in Matters too which might never have been thought of, had not the Sufferers been aggravated into the inquiry) and as the King of England hath undertaken in his own Right, to support the Parliament in what he calls Theirs, and as the good people of this country are grievously oppressed by the combination, they have an undoubted privilege to inquire into the pretensions of both, and equally to reject the usurpation of either.

In the following sheets, the author hath studiously avoided every thing which is personal among ourselves. Compliments as well as censure to individuals make no part thereof. The wise and the worthy, need not the triumph of a pamphlet; and those whose sentiments are injudicious, or unfriendly, will cease of themselves unless too much pains are bestowed upon their conversion.

The cause of America is in a great measure the cause of all mankind. Many circumstances hath, and will arise, which are not local, but universal, and through which the principles of all Lovers of Mankind are affected, and in the Event of which, their Affections are interested. The laying a Country desolate with Fire and Sword, declaring War against the natural rights of all Mankind, and extirpating the Defenders thereof from the Face of the Earth, is the Concern of every Man to whom Nature hath given the Power of feeling; of which Class, regardless of Party Censure, is the AUTHOR.

Philadelphia, February 14, 1776

Of the Origin and Design of Government in General, with Concise Remarks on the English Constitution

Some writers have so confounded society with government, as to leave little or no distinction between them; whereas they are not only different, but have different origins. Society is produced by our wants, and government by our wickedness; the former promotes our happiness positively by uniting our affections, the latter negatively by restraining our vices. The one encourages intercourse, the other creates distinctions. The first a patron, the last a punisher.

Society in every state is a blessing, but government even in its best state is but a necessary evil; in its worst state an intolerable one; for when we suffer, or are exposed to the same miseries by a government, which we might expect in a country without government, our calamity is heightened by reflecting that we furnish the means by which we suffer. Government, like dress, is the badge of lost innocence; the palaces of kings are built on the ruins of the bowers of paradise. For were the impulses of conscience clear, uniform, and irresistibly obeyed, man would need no other lawgiver; but that not being the case, he finds it necessary to surrender up a part of his property to furnish means for the protection of the rest; and this he is induced to do by the same prudence which in every other case advises him out of two evils to choose the least. Wherefore, security being the true design and end of government, it unanswerably follows that whatever form thereof appears most likely to ensure it to us, with the least expence and greatest benefit, is preferable to all others.

In order to gain a clear and just idea of the design and end of government, let us suppose a small number of persons settled in some sequestered part of the earth, unconnected with the rest, they will then represent the first peopling of any country, or of the world. In this state of natural liberty, society will be their first thought. A thousand motives will excite them thereto, the strength of one man is so unequal to his wants, and his mind so unfitted for perpetual solitude, that he is soon obliged to seek assistance and relief of another, who in his turn requires the same.

Four or five united would be able to raise a tolerable dwelling in the midst of a wilderness, but one man might labour out of the common period of life without accomplishing any thing; when he had felled his timber he could not remove it, nor erect it after it was removed; hunger in the mean time would urge him from his work, and every different want call him a different way. Disease, nay even misfortune would be death, for though neither might be mortal, yet either would disable him from living, and reduce him to a state in which he might rather be said to perish than to die.

Thus necessity, like a gravitating power, would soon form our newly arrived emigrants into society, the reciprocal blessings of which, would supersede, and render the obligations of law and government unnecessary while they remained perfectly just to each other; but as nothing but heaven is impregnable to vice, it will unavoidably happen, that in proportion as they surmount the first difficulties of emigration, which bound them together in a common cause, they will begin to relax in their duty and attachment to each other; and this remissness, will point out the necessity, of establishing some form of government to supply the defect of moral virtue.

Some convenient tree will afford them a State–House, under the branches of which, the whole colony may assemble to deliberate on public matters. It is more than probable that their first laws will have the title only of Regulations, and be enforced by no other penalty than public disesteem. In this first parliament every man, by natural right, will have a seat.

But as the colony increases, the public concerns will increase likewise, and the distance at which the members may be separated, will render it too inconvenient for all of them to meet on every occasion as at first, when their number was small, their habitations near, and the public concerns few and trifling. This will point out the convenience of their consenting to leave the legislative part to be managed by a select number chosen from the whole body, who are supposed to have the same concerns at stake which those who appointed them, and who will act in the same manner as the whole body would act were they present. If the colony continue increasing, it will become necessary to augment the number of the representatives, and that the interest of every part of the colony may be attended to, it will be found best to divide the whole into convenient parts, each part sending its proper number; and that the elected might never form to themselves an interest separate from the electors, prudence will point out the propriety of having elections often; because as the elected might by that means return and mix again with the general body of the electors in a few months, their fidelity to the public will be secured by the prudent reflexion of not making a rod for themselves. And as this frequent interchange will establish a common interest with every part of the community, they will mutually and naturally support each other, and on this (not on the unmeaning name of king) depends the strength of government, and the happiness of the governed.

Here then is the origin and rise of government; namely, a mode rendered necessary by the inability of moral virtue to govern the world; here too is the design and end of government, viz. freedom and security. And however our eyes may be dazzled with show, or our ears deceived by sound; however prejudice may warp our wills, or interest darken our understanding, the simple voice of nature and of reason will say, it is right.

I draw my idea of the form of government from a principle in nature, which no art can overturn, viz. that the more simple any thing is, the less liable it is to be disordered; and the easier repaired when disordered; and with this maxim in view, I offer a few remarks on the so much boasted constitution of England. That it was noble for the dark and slavish times in which it was erected, is granted. When the world was over run with tyranny the least remove therefrom was a glorious rescue. But that it is imperfect, subject to convulsions, and incapable of producing what it seems to promise, is easily demonstrated.

Absolute governments (tho' the disgrace of human nature) have this advantage with them, that they are simple; if the people suffer, they know the head from which their suffering springs, know likewise the remedy, and are not bewildered by a variety of causes and cures. But the constitution of England is so exceedingly complex, that the nation may suffer for years together without being able to discover in which part the fault lies, some will say in one and some in another, and every political physician will advise a different medicine.

I know it is difficult to get over local or long standing prejudices, yet if we will suffer ourselves to examine the component parts of the English constitution, we shall find them to be the base remains of two ancient tyrannies, compounded with some new republican materials.

First. The remains of monarchical tyranny in the person of the king.

Secondly. The remains of aristocratical tyranny in the persons of the peers.

Thirdly. The new republican materials, in the persons of the commons, on whose virtue depends the freedom of England.

The two first, by being hereditary, are independent of the people; wherefore in a constitutional sense they contribute nothing towards the freedom of the state.

To say that the constitution of England is a union of three powers reciprocally checking each other, is farcical, either the words have no meaning, or they are flat contradictions.

To say that the commons is a check upon the king, presupposes two things:

First. That the king is not to be trusted without being looked after, or in other words, that a thirst for absolute power is the natural disease of monarchy.

Secondly. That the commons, by being appointed for that purpose, are either wiser or more worthy of confidence than the crown.

But as the same constitution which gives the commons a power to check the king by withholding the supplies, gives afterwards the king a power to check the commons, by empowering him to reject their other bills; it again supposes that the king is wiser than those whom it has already supposed to be wiser than him. A mere absurdity!

There is something exceedingly ridiculous in the composition of monarchy; it first excludes a man from the means of information, yet empowers him to act in cases where the highest judgment is required. The state of a king shuts him from the world, yet the business of a king requires him to know it thoroughly; wherefore the different parts, by unnaturally opposing and destroying each other, prove the whole character to be absurd and useless.

Some writers have explained the English constitution thus; the king, say they, is one, the people another; the peers are a house in behalf of the king; the commons in behalf of the people; but this hath all the distinctions of a house divided against itself; and though the expressions be pleasantly arranged, yet when examined they appear idle and ambiguous; and it will always happen, that the nicest construction that words are capable of, when applied to the description of some thing which either cannot exist, or is too incomprehensible to be within the compass of description, will be words of sound only, and though they may amuse the ear, they cannot inform the mind, for this explanation includes a previous question, viz. How came the king by a power which the people are afraid to trust, and always obliged to check? Such a power could not be the gift of a wise people, neither can any power, which needs checking, be from God; yet the provision, which the constitution makes, supposes such a power to exist.

But the provision is unequal to the task; the means either cannot or will not accomplish the end, and the whole affair is a felo de se; for as the greater weight will always carry up the less, and as all the wheels of a machine are put in motion by one, it only remains to know which power in the constitution has the most weight, for that will govern; and though the others, or a part of them, may clog, or, as the phrase is, check the rapidity of its motion, yet so long as they cannot stop it, their endeavors will be ineffectual; the first moving power will at last have its way, and what it wants in speed is supplied by time.

That the crown is this overbearing part in the English constitution needs not be mentioned, and that it derives its whole consequence merely from being the giver of places and pensions is self–evident, wherefore, though we have been wise enough to shut and lock a door against absolute monarchy, we at the same time have been foolish enough to put the crown in possession of the key.

The prejudice of Englishmen, in favour of their own government by king, lords and commons, arises as much or more from national pride than reason. Individuals are undoubtedly safer in England than in some other countries, but the will of the king is as much the law of the land in Britain as in France, with this difference, that instead of proceeding directly from his mouth, it is handed to the people under the more formidable shape of an act of parliament. For the fate of Charles the first, hath only made kings more subtle——not more just.

Wherefore, laying aside all national pride and prejudice in favour of modes and forms, the plain truth is, that it is wholly owing to the constitution of the people, and not to the constitution of the government that the crown is not as oppressive in England as in Turkey.

An inquiry into the constitutional errors in the English form of government is at this time highly necessary, for as we are never in a proper condition of doing justice to others, while we continue under the influence of some leading partiality, so neither are we capable of doing it to ourselves while we remain fettered by any obstinate prejudice. And as a man, who is attached to a prostitute, is unfitted to choose or judge of a wife, so any prepossession in favour of a rotten constitution of government will disable us from discerning a good one.

Of Monarchy and Hereditary Succession

Mankind being originally equals in the order of creation, the equality could only be destroyed by some subsequent circumstance; the distinctions of rich, and poor, may in a great measure be accounted for, and that without having recourse to the harsh ill sounding names of oppression and avarice. Oppression is often the consequence, but seldom or never the means of riches; and though avarice will preserve a man from being necessitously poor, it generally makes him too timorous to be wealthy.

But there is another and greater distinction for which no truly natural or religious reason can be assigned, and that is, the distinction of men into kings and subjects. Male and female are the distinctions of nature, good and bad the distinctions of heaven; but how a race of men came into the world so exalted above the rest, and distinguished like some new species, is worth enquiring into, and whether they are the means of happiness or of misery to mankind.

In the early ages of the world, according to the scripture chronology, there were no kings; the consequence of which was there were no wars; it is the pride of kings which throw mankind into confusion. Holland without a king hath enjoyed more peace for this last century than any of the monarchial governments in Europe. Antiquity favors the same remark; for the quiet and rural lives of the first patriarchs hath a happy something in them, which vanishes away when we come to the history of Jewish royalty.

Government by kings was first introduced into the world by the Heathens, from whom the children of Israel copied the custom. It was the most prosperous invention the Devil ever set on foot for the promotion of idolatry. The Heathens paid divine honors to their deceased kings, and the christian world hath improved on the plan by doing the same to their living ones. How impious is the title of sacred majesty applied to a worm, who in the midst of his splendor is crumbling into dust!

As the exalting one man so greatly above the rest cannot be justified on the equal rights of nature, so neither can it be defended on the authority of scripture; for the will of the Almighty, as declared by Gideon and the prophet Samuel, expressly disapproves of government by kings. All anti–monarchical parts of scripture have been very smoothly glossed over in monarchical governments, but they undoubtedly merit the attention of countries which have their governments yet to form. "Render unto Caesar the things which are Caesar's" is the scripture doctrine of courts, yet it is no support of monarchical government, for the Jews at that time were without a king, and in a state of vassalage to the Romans.

Near three thousand years passed away from the Mosaic account of the creation, till the Jews under a national delusion requested a king. Till then their form of government (except in extraordinary cases, where the Almighty interposed) was a kind of republic administred by a judge and the elders of the tribes. Kings they had none, and it was held sinful to acknowledge any being under that title but the Lord of Hosts. And when a man seriously reflects on the idolatrous homage which is paid to the persons of Kings, he need not wonder, that the Almighty ever jealous of his honor, should disapprove of a form of government which so impiously invades the prerogative of heaven.

Monarchy is ranked in scripture as one of the sins of the Jews, for which a curse in reserve is denounced against them. The history of that transaction is worth attending to.

The children of Israel being oppressed by the Midianites, Gideon marched against them with a small army, and victory, thro' the divine interposition, decided in his favour. The Jews elate with success, and attributing it to the generalship of Gideon, proposed making him a king, saying, Rule thou over us, thou and thy son and thy son's son. Here was temptation in its fullest extent; not a kingdom only, but an hereditary one, but Gideon in the piety of his soul replied, I will not rule over you, neither shall my son rule over you. The Lord shall rule over you. Words need not be more explicit; Gideon doth not decline the honor, but denieth their right to give it; neither doth he compliment them with invented declarations of his thanks, but in the positive stile of a prophet charges them with disaffection to their proper Sovereign, the King of heaven.

About one hundred and thirty years after this, they fell again into the same error. The hankering which the Jews had for the idolatrous customs of the Heathens, is something exceedingly unaccountable; but so it was, that laying hold of the misconduct of Samuel's two sons, who were entrusted with some secular concerns, they came in an abrupt and clamorous manner to Samuel, saying, Behold thou art old, and thy sons walk not in thy ways, now make us a king to judge us like all other nations. And here we cannot but observe that their motives were bad, viz. that they might be like unto other nations, i.e. the Heathens, whereas their true glory laid in being as much unlike them as possible. But the thing displeased Samuel when they said, Give us a king to judge us; and Samuel prayed unto the Lord, and the Lord said unto Samuel, Hearken unto the voice of the people in all that they say unto thee, for they have not rejected thee, but they have rejected me, THAT I SHOULD NOT REIGN OVER THEM. According to all the works which they have done since the day that I brought them up out of Egypt, even unto this day; wherewith they have forsaken me and served other Gods; so do they also unto thee. Now therefore hearken unto their voice, howbeit, protest solemnly unto them and show them the manner of the king that shall reign over them, i.e. not of any particular king, but the general manner of the kings of the earth, whom Israel was so eagerly copying after. And notwithstanding the great distance of time and difference of manners, the character is still in fashion.

And Samuel told all the words of the Lord unto the people, that asked of him a king. And he said, This shall be the manner of the king that shall reign over you; he will take your sons and appoint them for himself, for his chariots, and to be his horsemen, and some shall run before his chariots (this description agrees with the present mode of impressing men) and he will appoint him captains over thousands and captains over fifties, and will set them to ear his ground and to reap his harvest, and to make his instruments of war, and instruments of his chariots; and he will take your daughters to be confectionaries, and to be cooks and to be bakers (this describes the expense and luxury as well as the oppression of kings) and he will take your fields and your olive yards, even the best of them, and give them to his servants; and he will take the tenth of your feed, and of your vineyards, and give them to his officers and to his servants (by which we see that bribery, corruption and favoritism are the standing vices of kings) and he will take the tenth of your men servants, and your maid servants, and your goodliest young men and your asses, and put them to his work; and he will take the tenth of your sheep, and ye shall be his servants, and ye shall cry out in that day because of your king which ye shall have chosen, and the Lord will not hear you in that day. This accounts for the continuation of monarchy; neither do the characters of the few good kings which have lived since, either sanctify the title, or blot out the sinfulness of the origin; the high encomium given of David takes no notice of him officially as a king, but only as a man after God's own heart. Nevertheless the People refused to obey the voice of Samuel, and they said, Nay, but we will have a king over us, that we may be like all the nations, and that our king may judge us, and go out before us, and fight our battles. Samuel continued to reason with them, but to no purpose; he set before them their ingratitude, but all would not avail; and seeing them fully bent on their folly, he cried out, I will call unto the Lord, and he shall send thunder and rain (which then was a punishment, being in the time of wheat harvest) that ye may perceive and see that your wickedness is great which ye have done in the sight of the Lord, in asking you a king. So Samuel called unto the Lord, and the Lord sent thunder and rain that day, and all the people greatly feared the Lord and Samuel. And all the people said unto Samuel, Pray for thy servants unto the Lord thy God that we die not, for we have added unto our sins this evil, to ask a king. These portions of scripture are direct and positive. They admit of no equivocal construction.

That the Almighty hath here entered his protest against monarchical government is true, or the scripture is false. And a man hath good reason to believe that there is as much of kingcraft, as priestcraft, in withholding the scripture from the public in Popish countries. For monarchy in every instance is the Popery of government.

To the evil of monarchy we have added that of hereditary succession; and as the first is a degradation and lessening of ourselves, so the second, claimed as a matter of right, is an insult and an imposition on posterity. For all men being originally equals, no one by birth could have a right to set up his own family in perpetual preference to all others for ever, and though himself might deserve some decent degree of honors of his contemporaries, yet his descendants might be far too unworthy to inherit them. One of the strongest natural proofs of the folly of hereditary right in kings, is, that nature disapproves it, otherwise she would not so frequently turn it into ridicule by giving mankind an ass for a lion.

Secondly, as no man at first could possess any other public honors than were bestowed upon him, so the givers of those honors could have no power to give away the right of posterity, and though they might say "We choose you for our head," they could not, without manifest injustice to their children, say "that your children and your children's children shall reign over ours for ever." Because such an unwise, unjust, unnatural compact might (perhaps) in the next succession put them under the government of a rogue or a fool. Most wise men, in their private sentiments, have ever treated hereditary right with contempt; yet it is one of those evils, which when once established is not easily removed; many submit from fear, others from superstition, and the more powerful part shares with the king the plunder of the rest.

This is supposing the present race of kings in the world to have had an honorable origin; whereas it is more than probable, that could we take off the dark covering of antiquity, and trace them to their first rise, that we should find the first of them nothing better than the principal ruffian of some restless gang, whose savage manners or preeminence in subtility obtained him the title of chief among plunderers; and who by increasing in power, and extending his depredations, overawed the quiet and defenceless to purchase their safety by frequent contributions. Yet his electors could have no idea of giving hereditary right to his descendants, because such a perpetual exclusion of themselves was incompatible with the free and unrestrained principles they professed to live by. Wherefore, hereditary succession in the early ages of monarchy could not take place as a matter of claim, but as something casual or complimental; but as few or no records were extant in those days, and traditional history stuffed with fables, it was very easy, after the lapse of a few generations, to trump up some superstitious tale, conveniently timed, Mahomet like, to cram hereditary right down the throats of the vulgar. Perhaps the disorders which threatened, or seemed to threaten, on the decease of a leader and the choice of a new one (for elections among ruffians could not be very orderly) induced many at first to favor hereditary pretensions; by which means it happened, as it hath happened since, that what at first was submitted to as a convenience, was afterwards claimed as a right.

England, since the conquest, hath known some few good monarchs, but groaned beneath a much larger number of bad ones; yet no man in his senses can say that their claim under William the Conqueror is a very honorable one. A French bastard landing with an armed banditti, and establishing himself king of England against the consent of the natives, is in plain terms a very paltry rascally original. It certainly hath no divinity in it. However, it is needless to spend much time in exposing the folly of hereditary right; if there are any so weak as to believe it, let them promiscuously worship the ass and lion, and welcome. I shall neither copy their humility, nor disturb their devotion.

Yet I should be glad to ask how they suppose kings came at first? The question admits but of three answers, viz. either by lot, by election, or by usurpation.

If the first king was taken by lot, it establishes a precedent for the next, which excludes hereditary succession. Saul was by lot, yet the succession was not hereditary, neither does it appear from that transaction there was any intention it ever should. If the first king of any country was by election, that likewise establishes a precedent for the next; for to say, that the right of all future generations is taken away, by the act of the first electors, in their choice not only of a king, but of a family of kings for ever, hath no parrallel in or out of scripture but the doctrine of original sin, which supposes the free will of all men lost in Adam; and from such comparison, and it will admit of no other, hereditary succession can derive no glory. For as in Adam all sinned, and as in the first electors all men obeyed; as in the one all mankind were subjected to Satan, and in the other to Sovereignty; as our innocence was lost in the first, and our authority in the last; and as both disable us from reassuming some former state and privilege, it unanswerably follows that original sin and hereditary succession are parellels. Dishonorable rank! Inglorious connexion! Yet the most subtile sophist cannot produce a juster simile.

As to usurpation, no man will be so hardy as to defend it; and that

William the Conqueror was an usurper is a fact not to be contradicted. The plain truth is, that the antiquity of English monarchy will not bear looking into.

But it is not so much the absurdity as the evil of hereditary succession which concerns mankind. Did it ensure a race of good and wise men it would have the seal of divine authority, but as it opens a door to the foolish, the wicked, and the improper, it hath in it the nature of oppression. Men who look upon themselves born to reign, and others to obey, soon grow insolent; selected from the rest of mankind their minds are early poisoned by importance; and the world they act in differs so materially from the world at large, that they have but little opportunity of knowing its true interests, and when they succeed to the government are frequently the most ignorant and unfit of any throughout the dominions.

Another evil which attends hereditary succession is, that the throne is subject to be possessed by a minor at any age; all which time the regency, acting under the cover of a king, have every opportunity and inducement to betray their trust. The same national misfortune happens, when a king worn out with age and infirmity, enters the last stage of human weakness. In both these cases the public becomes a prey to every miscreant, who can tamper successfully with the follies either of age or infancy.

The most plausible plea, which hath ever been offered in favour of hereditary succession, is, that it preserves a nation from civil wars; and were this true, it would be weighty; whereas, it is the most barefaced falsity ever imposed upon mankind. The whole history of England disowns the fact. Thirty kings and two minors have reigned in that distracted kingdom since the conquest, in which time there have been (including the Revolution) no less than eight civil wars and nineteen rebellions. Wherefore instead of making for peace, it makes against it, and destroys the very foundation it seems to stand on.

The contest for monarchy and succession, between the houses of York and Lancaster, laid England in a scene of blood for many years. Twelve pitched battles, besides skirmishes and sieges, were fought between Henry and Edward. Twice was Henry prisoner to Edward, who in his turn was prisoner to Henry. And so uncertain is the fate of war and the temper of a nation, when nothing but personal matters are the ground of a quarrel, that Henry was taken in triumph from a prison to a palace, and Edward obliged to fly from a palace to a foreign land; yet, as sudden transitions of temper are seldom lasting, Henry in his turn was driven from the throne, and Edward recalled to succeed him. The parliament always following the strongest side.

This contest began in the reign of Henry the Sixth, and was not entirely extinguished till Henry the Seventh, in whom the families were united. Including a period of 67 years, viz. from 1422 to 1489.

In short, monarchy and succession have laid (not this or that kingdom only) but the world in blood and ashes. 'Tis a form of government which the word of God bears testimony against, and blood will attend it.

If we inquire into the business of a king, we shall find that in some countries they have none; and after sauntering away their lives without pleasure to themselves or advantage to the nation, withdraw from the scene, and leave their successors to tread the same idle round. In absolute monarchies the whole weight of business, civil and military, lies on the king; the children of Israel in their request for a king, urged this plea "that he may judge us, and go out before us and fight our battles." But in countries where he is neither a judge nor a general, as in England, a man would be puzzled to know what is his business.

The nearer any government approaches to a republic the less business there is for a king. It is somewhat difficult to find a proper name for the government of England. Sir William Meredith calls it a republic; but in its present state it is unworthy of the name, because the corrupt influence of the crown, by having all the places in its disposal, hath so effectually swallowed up the power, and eaten out the virtue of the house of commons (the republican part in the constitution) that the government of England is nearly as monarchical as that of France or Spain.

Men fall out with names without understanding them. For it is the republican and not the monarchical part of the constitution of England which Englishmen glory in, viz. the liberty of choosing a house of commons from out of their own body and it is easy to see that when republican virtue fails, slavery ensues. Why is the constitution of England sickly, but because monarchy hath poisoned the republic, the crown hath engrossed the commons?

In England a king hath little more to do than to make war and give away places; which in plain terms, is to impoverish the nation and set it together by the ears. A pretty business indeed for a man to be allowed eight hundred thousand sterling a year for, and worshipped into the bargain! Of more worth is one honest man to society and in the sight of God, than all the crowned ruffians that ever lived.

Thoughts on the Present State of American Affairs

In the following pages I offer nothing more than simple facts, plain arguments, and common sense; and have no other preliminaries to settle with the reader, than that he will divest himself of prejudice and prepossession, and suffer his reason and his feelings to determine for themselves; that he will put on, or rather that he will not put off, the true character of a man, and generously enlarge his views beyond the present day.

Volumes have been written on the subject of the struggle between England and America. Men of all ranks have embarked in the controversy, from different motives, and with various designs; but all have been ineffectual, and the period of debate is closed. Arms, as the last resource, decide the contest; the appeal was the choice of the king, and the continent hath accepted the challenge.

It hath been reported of the late Mr. Pelham (who tho' an able minister was not without his faults) that on his being attacked in the house of commons, on the score, that his measures were only of a temporary kind, replied "they will last my time." Should a thought so fatal and unmanly possess the colonies in the present contest, the name of ancestors will be remembered by future generations with detestation.

The sun never shined on a cause of greater worth. 'Tis not the affair of a city, a country, a province, or a kingdom, but of a continent—of at least one eighth part of the habitable globe. 'Tis not the concern of a day, a year, or an age; posterity are virtually involved in the contest, and will be more or less affected, even to the end of time, by the proceedings now. Now is the seed time of continental union, faith and honor. The least fracture now will be like a name engraved with the point of a pin on the tender rind of a young oak; the wound will enlarge with the tree, and posterity read it in full grown characters.

By referring the matter from argument to arms, a new aera for politics is struck; a new method of thinking hath arisen. All plans, proposals, &c. prior to the nineteenth of April, i.e. to the commencement of hostilities, are like the almanacks of the last year; which, though proper then, are superseded and useless now. Whatever was advanced by the advocates on either side of the question then, terminated in one and the same point, viz. a union with Great Britain; the only difference between the parties was the method of effecting it; the one proposing force, the other friendship; but it hath so far happened that the first hath failed, and the second hath withdrawn her influence.

As much hath been said of the advantages of reconciliation, which, like an agreeable dream, hath passed away and left us as we were, it is but right, that we should examine the contrary side of the argument, and inquire into some of the many material injuries which these colonies sustain, and always will sustain, by being connected with, and dependant on Great Britain. To examine that connexion and dependance, on the principles of nature and common sense, to see what we have to trust to, if separated, and what we are to expect, if dependant.

I have heard it asserted by some, that as America hath flourished under her former connexion with Great Britain, that the same connexion is necessary towards her future happiness, and will always have the same effect. Nothing can be more fallacious than this kind of argument. We may as well assert that because a child has thrived upon milk, that it is never to have meat, or that the first twenty years of our lives is to become a precedent for the next twenty. But even this is admitting more than is true, for I answer roundly, that America would have flourished as much, and probably much more, had no European power had any thing to do with her. The commerce, by which she hath enriched herself are the necessaries of life, and will always have a market while eating is the custom of Europe.

But she has protected us, say some. That she has engrossed us is true, and defended the continent at our expense as well as her own is admitted, and she would have defended Turkey from the same motive, viz. the sake of trade and dominion.

Alas, we have been long led away by ancient prejudices, and made large sacrifices to superstition. We have boasted the protection of Great Britain, without considering, that her motive was interest not attachment; that she did not protect us from our enemies on our account, but from her enemies on her own account, from those who had no quarrel with us on any other account, and who will always be our enemies on the same account. Let Britain wave her pretensions to the continent, or the continent throw off the dependance, and we should be at peace with France and Spain were they at war with Britain. The miseries of Hanover last war ought to warn us against connexions.

It has lately been asserted in parliament, that the colonies have no relation to each other but through the parent country, i.e. that Pennsylvania and the Jerseys, and so on for the rest, are sister colonies by the way of England; this is certainly a very roundabout way of proving relationship, but it is the nearest and only true way of proving enemyship, if I may so call it. France and Spain never were, nor perhaps ever will be our enemies as Americans, but as our being the subjects of Great Britain.

But Britain is the parent country, say some. Then the more shame upon her conduct. Even brutes do not devour their young, nor savages make war upon their families; wherefore the assertion, if true, turns to her reproach; but it happens not to be true, or only partly so, and the phrase parent or mother country hath been jesuitically adopted by the king and his parasites, with a low papistical design of gaining an unfair bias on the credulous weakness of our minds. Europe, and not England, is the parent country of America. This new world hath been the asylum for the persecuted lovers of civil and religious liberty from every part of Europe. Hither have they fled, not from the tender embraces of the mother, but from the cruelty of the monster; and it is so far true of England, that the same tyranny which drove the first emigrants from home, pursues their descendants still.

In this extensive quarter of the globe, we forget the narrow limits of three hundred and sixty miles (the extent of England) and carry our friendship on a larger scale; we claim brotherhood with every European christian, and triumph in the generosity of the sentiment.

It is pleasant to observe by what regular gradations we surmount the force of local prejudice, as we enlarge our acquaintance with the world. A man born in any town in England divided into parishes, will naturally associate most with his fellow parishioners (because their interests in many cases will be common) and distinguish him by the name of neighbour; if he meet him but a few miles from home, he drops the narrow idea of a street, and salutes him by the name of townsman; if he travel out of the county, and meet him in any other, he forgets the minor divisions of street and town, and calls him countryman, i.e. county man; but if in their foreign excursions they should associate in France or any other part of Europe, their local remembrance would be enlarged into that of Englishmen. And by a just parity of reasoning, all Europeans meeting in America, or any other quarter of the globe, are countrymen; for England, Holland, Germany, or Sweden, when compared with the whole, stand in the same places on the larger scale, which the divisions of street, town, and county do on the smaller ones; distinctions too limited for continental minds. Not one third of the inhabitants, even of this province, are of English descent. Wherefore I reprobate the phrase of parent or mother country applied to England only, as being false, selfish, narrow and ungenerous.

But admitting, that we were all of English descent, what does it amount to? Nothing. Britain, being now an open enemy, extinguishes every other name and title: And to say that reconciliation is our duty, is truly farcical. The first king of England, of the present line (William the Conqueror) was a Frenchman, and half the Peers of England are descendants from the same country; therefore, by the same method of reasoning, England ought to be governed by France.

Much hath been said of the united strength of Britain and the colonies, that in conjunction they might bid defiance to the world. But this is mere presumption; the fate of war is uncertain, neither do the expressions mean anything; for this continent would never suffer itself to be drained of inhabitants, to support the British arms in either Asia, Africa, or Europe.

Besides what have we to do with setting the world at defiance? Our plan is commerce, and that, well attended to, will secure us the peace and friendship of all Europe; because, it is the interest of all Europe to have America a free port. Her trade will always be a protection, and her barrenness of gold and silver secure her from invaders.

I challenge the warmest advocate for reconciliation, to show, a single advantage that this continent can reap, by being connected with Great Britain. I repeat the challenge, not a single advantage is derived. Our corn will fetch its price in any market in Europe, and our imported goods must be paid for buy them where we will.

But the injuries and disadvantages we sustain by that connection, are without number; and our duty to mankind at large, as well as to ourselves, instruct us to renounce the alliance: Because, any submission to, or dependance on Great Britain, tends directly to involve this continent in European wars and quarrels; and sets us at variance with nations, who would otherwise seek our friendship, and against whom, we have neither anger nor complaint. As Europe is our market for trade, we ought to form no partial connection with any part of it. It is the true interest of America to steer clear of European contentions, which she never can do, while by her dependence on Britain, she is made the make-weight in the scale of British politics.

Europe is too thickly planted with kingdoms to be long at peace, and whenever a war breaks out between England and any foreign power, the trade of America goes to ruin, because of her connection with Britain. The next war may not turn out like the last, and should it not, the advocates for reconciliation now will be wishing for separation then, because, neutrality in that case, would be a safer convoy than a man of war. Every thing that is right or natural pleads for separation. The blood of the slain, the weeping voice of nature cries, 'Tis time to part. Even the distance at which the Almighty hath placed England and America, is a strong and natural proof, that the authority of the one, over the other, was never the design of Heaven. The time likewise at which the continent was discovered, adds weight to the argument, and the manner in which it was peopled increases the force of it. The reformation was preceded by the discovery of America, as if the Almighty graciously meant to open a sanctuary to the persecuted in future years, when home should afford neither friendship nor safety.

The authority of Great Britain over this continent, is a form of government, which sooner or later must have an end: And a serious mind can draw no true pleasure by looking forward, under the painful and positive conviction, that what he calls "the present constitution" is merely temporary. As parents, we can have no joy, knowing that this government is not sufficiently lasting to ensure any thing which we may bequeath to posterity: And by a plain method of argument, as we are running the next generation into debt, we ought to do the work of it, otherwise we use them meanly and pitifully. In order to discover the line of our duty rightly, we should take our children in our hand, and fix our station a few years farther into life; that eminence will present a prospect, which a few present fears and prejudices conceal from our sight.

Though I would carefully avoid giving unnecessary offence, yet I am inclined to believe, that all those who espouse the doctrine of reconciliation, may be included within the following descriptions.

Interested men, who are not to be trusted; weak men, who cannot see; prejudiced men, who will not see; and a certain set of moderate men, who think better of the European world than it deserves; and this last class, by an ill–judged deliberation, will be the cause of more calamities to this continent, than all the other three.

It is the good fortune of many to live distant from the scene of sorrow; the evil is not sufficiently brought to their doors to make them feel the precariousness with which all American property is possessed. But let our imaginations transport us for a few moments to Boston, that seat of wretchedness will teach us wisdom, and instruct us for ever to renounce a power in whom we can have no trust. The inhabitants of that unfortunate city, who but a few months ago were in ease and affluence, have now, no other alternative than to stay and starve, or turn out to beg. Endangered by the fire of their friends if they continue within the city, and plundered by the soldiery if they leave it. In their present condition they are prisoners without the hope of redemption, and in a general attack for their relief, they would be exposed to the fury of both armies.

Men of passive tempers look somewhat lightly over the offences of Britain, and, still hoping for the best, are apt to call out, "Come, come, we shall be friends again, for all this." But examine the passions and feelings of mankind, Bring the doctrine of reconciliation to the touchstone of nature, and then tell me, whether you can hereafter love, honour, and faithfully serve the power that hath carried fire and sword into your land? If you cannot do all these, then are you only deceiving yourselves, and by your delay bringing ruin upon posterity. Your future connection with Britain, whom you can neither love nor honour, will be forced and unnatural, and being formed only on the plan of present convenience, will in a little time fall into a relapse more wretched than the first. But if you say, you can still pass the violations over, then I ask, Hath your house been burnt? Hath your property been destroyed before your face? Are your wife and children destitute of a bed to lie on, or bread to live on? Have you lost a parent or a child by their hands, and yourself the ruined and wretched survivor? If you have not, then are you not a judge of those who have. But if you have, and still can shake hands with the murderers, then are you unworthy of the name of husband, father, friend, or lover, and whatever may be your rank or title in life, you have the heart of a coward, and the spirit of a sycophant.

This is not inflaming or exaggerating matters, but trying them by those feelings and affections which nature justifies, and without which, we should be incapable of discharging the social duties of life, or enjoying the felicities of it. I mean not to exhibit horror for the purpose of provoking revenge, but to awaken us from fatal and unmanly slumbers, that we may pursue determinately some fixed object. It is not in the power of Britain or of Europe to conquer America, if she do not conquer herself by delay and timidity. The present winter is worth an age if rightly employed, but if lost or neglected, the whole continent will partake of the misfortune; and there is no punishment which that man will not deserve, be he who, or what, or where he will, that may be the means of sacrificing a season so precious and useful.

It is repugnant to reason, to the universal order of things to all examples from former ages, to suppose, that this continent can longer remain subject to any external power. The most sanguine in Britain does not think so. The utmost stretch of human wisdom cannot, at this time, compass a plan short of separation, which can promise the continent even a year's security. Reconciliation is now a fallacious dream. Nature hath deserted the connexion, and Art cannot supply her place. For, as Milton wisely expresses, "never can true reconcilement grow where wounds of deadly hate have pierced so deep."

Every quiet method for peace hath been ineffectual. Our prayers have been rejected with disdain; and only tended to convince us, that nothing flatters vanity, or confirms obstinacy in Kings more than repeated petitioning and nothing hath contributed more than that very measure to make the Kings of Europe absolute: Witness Denmark and Sweden. Wherefore, since nothing but blows will do, for God's sake, let us come to a final separation, and not leave the next generation to be cutting throats, under the violated unmeaning names of parent and child.

To say, they will never attempt it again is idle and visionary, we thought so at the repeal of the stamp act, yet a year or two undeceived us; as well may we suppose that nations, which have been once defeated, will never renew the quarrel.

As to government matters, it is not in the power of Britain to do this continent justice: The business of it will soon be too weighty, and intricate, to be managed with any tolerable degree of convenience, by a power, so distant from us, and so very ignorant of us; for if they cannot conquer us, they cannot govern us. To be always running three or four thousand miles with a tale or a petition, waiting four or five months for an answer, which when obtained requires five or six more to explain it in, will in a few years be looked upon as folly and childishness. There was a time when it was proper, and there is a proper time for it to cease.

Small islands not capable of protecting themselves, are the proper objects for kingdoms to take under their care; but there is something very absurd, in supposing a continent to be perpetually governed by an island. In no instance hath nature made the satellite larger than its primary planet, and as England and America, with respect to each other, reverses the common order of nature, it is evident they belong to different systems: England to Europe, America to itself.

I am not induced by motives of pride, party, or resentment to espouse the doctrine of separation and independance; I am clearly, positively, and conscientiously persuaded that it is the true interest of this continent to be so; that every thing short of that is mere patchwork, that it can afford no lasting felicity, that it is leaving the sword to our children, and shrinking back at a time, when, a little more, a little farther, would have rendered this continent the glory of the earth.

As Britain hath not manifested the least inclination towards a compromise, we may be assured that no terms can be obtained worthy the acceptance of the continent, or any ways equal to the expence of blood and treasure we have been already put to.

The object, contended for, ought always to bear some just proportion to the expence. The removal of North, or the whole detestable junto, is a matter unworthy the millions we have expended. A temporary stoppage of trade, was an inconvenience, which would have sufficiently ballanced the repeal of all the acts complained of, had such repeals been obtained; but if the whole continent must take up arms, if every man must be a soldier, it is scarcely worth our while to fight against a contemptible ministry only. Dearly, dearly, do we pay for the repeal of the acts, if that is all we fight for; for in a just estimation, it is as great a folly to pay a Bunker hill price for law, as for land. As I have always considered the independancy of this continent, as an event, which sooner or later must arrive, so from the late rapid progress of the continent to maturity, the event could not be far off. Wherefore, on the breaking out of hostilities, it was not worth the while to have disputed a matter, which time would have finally redressed, unless we meant to be in earnest; otherwise, it is like wasting an estate on a suit at law, to regulate the trespasses of a tenant, whose lease is just expiring. No man was a warmer wisher for reconciliation than myself, before the fatal nineteenth of April 1775 (Massacre at Lexington) , but the moment the event of that day was made known, I rejected the hardened, sullen tempered Pharaoh of England for ever; and disdain the wretch, that with the pretended title of father of his people can unfeelingly hear of their slaughter, and composedly sleep with their blood upon his soul.

But admitting that matters were now made up, what would be the event? I answer, the ruin of the continent. And that for several reasons. First. The powers of governing still remaining in the hands of the king, he will have a negative over the whole legislation of this continent. And as he hath shown himself such an inveterate enemy to liberty, and discovered such a thirst for arbitrary power; is he, or is he not, a proper man to say to these colonies, "You shall make no laws but what I please." And is there any inhabitant in America so ignorant, as not to know, that according to what is called the present constitution, that this continent can make no laws but what the king gives leave to; and is there any man so unwise, as not to see, that (considering what has happened) he will suffer no law to be made here, but such as suit his purpose. We may be as effectually enslaved by the want of laws in America, as by submitting to laws made for us in England. After matters are made up (as it is called) can there be any doubt, but the whole power of the crown will be exerted, to keep this continent as low and humble as possible? Instead of going forward we shall go backward, or be perpetually quarrelling or ridiculously petitioning. We are already greater than the king wishes us to be, and will he not hereafter endeavour to make us less? To bring the matter to one point. Is the power who is jealous of our prosperity, a proper power to govern us? Whoever says No to this question is an independant, for independancy means no more, than, whether we shall make our own laws, or whether the king, the greatest enemy this continent hath, or can have, shall tell us "there shall be no laws but such as I like."

But the king you will say has a negative in England; the people there can make no laws without his consent. In point of right and good order, there is something very ridiculous, that a youth of twenty–one (which hath often happened) shall say to several millions of people, older and wiser than himself, I forbid this or that act of yours to be law. But in this place I decline this sort of reply, though I will never cease to expose the absurdity of it, and only answer, that England being the King's residence, and America not so, makes quite another case. The king's negative here is ten times more dangerous and fatal than it can be in England, for there he will scarcely refuse his consent to a bill for putting England into as strong a state of defence as possible, and in America he would never suffer such a bill to be passed.

America is only a secondary object in the system of British politics, England consults the good of this country, no farther than it answers her own purpose. Wherefore, her own interest leads her to suppress the growth of ours in every case which doth not promote her advantage, or in the least interferes with it. A pretty state we should soon be in under such a second–hand government, considering what has happened! Men do not change from enemies to friends by the alteration of a name: And in order to show that reconciliation now is a dangerous doctrine, I affirm, that it would be policy in the king at this time, to repeal the acts for the sake of reinstating himself in the government of the provinces; in order, that he may accomplish by craft and subtilty, in the long run, what he cannot do by force and violence in the short one. Reconciliation and ruin are nearly related.

Secondly. That as even the best terms, which we can expect to obtain, can amount to no more than a temporary expedient, or a kind of government by guardianship, which can last no longer than till the colonies come of age, so the general face and state of things, in the interim, will be unsettled and unpromising. Emigrants of property will not choose to come to a country whose form of government hangs but by a thread, and who is every day tottering on the brink of commotion and disturbance; and numbers of the present inhabitants would lay hold of the interval, to dispense of their effects, and quit the continent.

But the most powerful of all arguments, is, that nothing but independance, i.e. a continental form of government, can keep the peace of the continent and preserve it inviolate from civil wars. I dread the event of a reconciliation with Britain now, as it is more than probable, that it will be followed by a revolt somewhere or other, the consequences of which may be far more fatal than all the malice of Britain.

Thousands are already ruined by British barbarity; (thousands more will probably suffer the same fate) Those men have other feelings than us who have nothing suffered. All they now possess is liberty, what they before enjoyed is sacrificed to its service, and having nothing more to lose, they disdain submission. Besides, the general temper of the colonies, towards a British government, will be like that of a youth, who is nearly out of his time; they will care very little about her. And a government which cannot preserve the peace, is no government at all, and in that case we pay our money for nothing; and pray what is it that Britain can do, whose power will be wholly on paper, should a civil tumult break out the very day after reconciliation? I have heard some men say, many of whom I believe spoke without thinking, that they dreaded an independance, fearing that it would produce civil wars. It is but seldom that our first thoughts are truly correct, and that is the case here; for there are ten times more to dread from a patched up connexion than from independance. I make the sufferers case my own, and I protest, that were I driven from house and home, my property destroyed, and my circumstances ruined, that as man, sensible of injuries, I could never relish the doctrine of reconciliation, or consider myself bound thereby.

The colonies have manifested such a spirit of good order and obedience to continental government, as is sufficient to make every reasonable person easy and happy on that head. No man can assign the least pretence for his fears, on any other grounds, than such as are truly childish and ridiculous, viz. that one colony will be striving for superiority over another.

Where there are no distinctions there can be no superiority, perfect equality affords no temptation. The republics of Europe are all (and we may say always) in peace. Holland and Swisserland are without wars, foreign or domestic: Monarchical governments, it is true, are never long at rest; the crown itself is a temptation to enterprising ruffians at home; and that degree of pride and insolence ever attendant on regal authority, swells into a rupture with foreign powers, in instances, where a republican government, by being formed on more natural principles, would negotiate the mistake.

If there is any true cause of fear respecting independance, it is because no plan is yet laid down. Men do not see their way out; Wherefore, as an opening into that business, I offer the following hints; at the same time modestly affirming, that I have no other opinion of them myself, than that they may be the means of giving rise to something better. Could the straggling thoughts of individuals be collected, they would frequently form materials for wise and able men to improve into useful matter.

Let the assemblies be annual, with a President only. The representation more equal. Their business wholly domestic, and subject to the authority of a Continental Congress.

Let each colony be divided into six, eight, or ten, convenient districts, each district to send a proper number of delegates to Congress, so that each colony send at least thirty. The whole number in Congress will be at least 390. Each Congress to sit and to choose a president by the following method. When the delegates are met, let a colony be taken from the whole thirteen colonies by lot, after which, let the whole Congress choose (by ballot) a president from out of the delegates of that province. In the next Congress, let a colony be taken by lot from twelve only, omitting that colony from which the president was taken in the former Congress, and so proceeding on till the whole thirteen shall have had their proper rotation. And in order that nothing may pass into a law but what is satisfactorily just, not less than three fifths of the Congress to be called a majority. He that will promote discord, under a government so equally formed as this, would have joined Lucifer in his revolt.

But as there is a peculiar delicacy, from whom, or in what manner, this business must first arise, and as it seems most agreeable and consistent that it should come from some intermediate body between the governed and the governors, that is, between the Congress and the people, let a Continental Conference be held, in the following manner, and for the following purpose.

A committee of twenty–six members of Congress, viz. two for each colony. Two members from each House of Assembly, or Provincial Convention; and five representatives of the people at large, to be chosen in the capital city or town of each province, for, and in behalf of the whole province, by as many qualified voters as shall think proper to attend from all parts of the province for that purpose; or, if more convenient, the representatives may be chosen in two or three of the most populous parts thereof. In this conference, thus assembled, will be united, the two grand principles of business, knowledge and power. The members of Congress, Assemblies, or Conventions, by having had experience in national concerns, will be able and useful counsellors, and the whole, being impowered by the people, will have a truly legal authority.

The conferring members being met, let their business be to frame a Continental Charter, or Charter of the United Colonies; (answering to what is called the Magna Charta of England) fixing the number and manner of choosing members of Congress, members of Assembly, with their date of sitting, and drawing the line of business and jurisdiction between them: Always remembering, that our strength is continental, not provincial: Securing freedom and property to all men, and above all things, the free exercise of religion, according to the dictates of conscience; with such other matter as is necessary for a charter to contain. Immediately after which, the said Conference to dissolve, and the bodies which shall be chosen comfortable to the said charter, to be the legislators and governors of this continent for the time being: Whose peace and happiness, may God preserve, Amen.

Should any body of men be hereafter delegated for this or some similar purpose, I offer them the following extracts from that wise observer on governments Dragonetti. "The science" says he "of the politician consists in fixing the true point of happiness and freedom. Those men would deserve the gratitude of ages, who should discover a mode of government that contained the greatest sum of individual happiness, with the least national expense. "①

But where says some is the King of America? I'll tell you Friend, he reigns above, and doth not make havoc of mankind like the Royal Brute of Britain. Yet that we may not appear to be defective even in earthly honors, let a day be solemnly set apart for proclaiming the charter; let it be brought forth placed on the divine law, the word of God; let a crown be

---

① Dragonetti on Virtue and Rewards.

placed thereon, by which the world may know, that so far as we approve of monarchy, that in America the law is king. For as in absolute governments the King is law, so in free countries the law ought to be King; and there ought to be no other. But lest any ill use should afterwards arise, let the crown at the conclusion of the ceremony be demolished, and scattered among the people whose right it is.

A government of our own is our natural right: And when a man seriously reflects on the precariousness of human affairs, he will become convinced, that it is infinitely wiser and safer, to form a constitution of our own in a cool deliberate manner, while we have it in our power, than to trust such an interesting event to time and chance. If we omit it now, some Massanelloa may hereafter arise, who laying hold of popular disquietudes, may collect together the desperate and the discontented, and by assuming to themselves the powers of government, may sweep away the liberties of the continent like a deluge. Should the government of America return again into the hands of Britain, the tottering situation of things, will be a

---

① Thomas Anello, otherwise Massanello, a fisherman of Naples, who after spiriting up his countrymen in the public market place, against the oppressions of the Spaniards, to whom the place was then subject, prompted them to revolt, and in the space of a day became king.

temptation for some desperate adventurer to try his fortune; and in such a case, that relief can Britain give? Ere she could hear the news, the fatal business might be done; and ourselves suffering like the wretched Britons under the oppression of the Conqueror. Ye that oppose independance now, ye know not what ye do; ye are opening a door to eternal tyranny, by keeping vacant the seat of government.

There are thousands, and tens of thousands, who would think it glorious to expel from the continent, that barbarous and hellish power, which hath stirred up the Indians and Negroes to destroy us, the cruelty hath a double guilt, it is dealing brutally by us, and treacherously by them. To talk of friendship with those in whom our reason forbids us to have faith, and our affections wounded through a thousand pores instruct us to detest, is madness and folly. Every day wears out the little remains of kindred between us and them, and can there be any reason to hope, that as the relationship expires, the affection will increase, or that we shall agree better, when we have ten times more and greater concerns to quarrel over than ever?

Ye that tell us of harmony and reconciliation, can ye restore to us the time that is past? Can ye give to prostitution its former innocence?

Neither can ye reconcile Britain and America. The last cord now is broken, the people of England are presenting addresses against us. There are injuries which nature cannot forgive; she would cease to be nature if she did. As well can the lover forgive the ravisher of his mistress, as the continent forgive the murders of Britain. The Almighty hath implanted in us these unextinguishable feelings for good and wise purposes. They are the guardians of his image in our hearts. They distinguish us from the herd of common animals. The social compact would dissolve, and justice be extirpated the earth, or have only a casual existence were we callous to the touches of affection. The robber, and the murderer, would often escape unpunished, did not the injuries which our tempers sustain, provoke us into justice.

O ye that love mankind! Ye that dare oppose, not only the tyranny, but the tyrant, stand forth! Every spot of the old world is overrun with oppression. Freedom hath been hunted round the globe. Asia, and Africa, have long expelled her. Europe regards her like a stranger, and England hath given her warning to depart. O! receive the fugitive, and prepare in time an asylum for mankind.

Of the Present Ability of America, with Some Miscellaneous Reflexions

I have never met with a man, either in England or America, who hath not confessed his opinion, that a separation between the countries, would take place one time or other: And there is no instance, in which we have shown less judgment, than in endeavouring to describe, what we call, the ripeness or fitness of the Continent for independance.

As all men allow the measure, and vary only in their opinion of the time, let us, in order to remove mistakes, take a general survey of things, and endeavour, if possible, to find out the very time. But we need not go far, the inquiry ceases at once, for, the time hath found us. The general concurrence, the glorious union of all things prove the fact.

It is not in numbers, but in unity, that our great strength lies; yet our present numbers are sufficient to repel the force of all the world. The Continent hath, at this time, the largest body of armed and disciplined men of any power under Heaven; and is just arrived at that pitch of strength, in which, no single colony is able to support itself, and the whole, when united, can accomplish the matter, and either more, or, less than this, might be fatal in its effects. Our land force is already sufficient, and as to naval affairs, we cannot be insensible, that Britain would never suffer an American man of war to be built, while the continent remained in her hands. Wherefore, we should be no forwarder an hundred years hence in that branch, than we are now; but the truth is, we should be less so, because the timber of the country is every day diminishing, and that, which will remain at last, will be far off and difficult to procure.

Were the continent crowded with inhabitants, her sufferings under the present circumstances would be intolerable. The more sea port towns we had, the more should we have both to defend and to lose. Our present numbers are so happily proportioned to our wants, that no man need be idle. The diminution of trade affords an army, and the necessities of an army create a new trade. Debts we have none; and whatever we may contract on this account will serve as a glorious memento of our virtue. Can we but leave posterity with a settled form of government, an independent constitution of its own, the purchase at any price will be cheap. But to expend millions for the sake of getting a few vile acts repealed, and routing the present ministry only, is unworthy the charge, and is using posterity with the utmost cruelty; because it is leaving them the great work to do, and a debt upon their backs, from which, they derive no advantage. Such a thought is unworthy a man of honor, and is the true characteristic of a narrow heart and a peddling politician.

The debt we may contract doth not deserve our regard if the work be but accomplished. No nation ought to be without a debt. A national debt is a national bond; and when it bears no interest, is in no case a grievance. Britain is oppressed with a debt of upwards of one hundred and forty millions sterling, for which she pays upwards of four millions interest. And as a compensation for her debt, she has a large navy; America is without a debt, and without a navy; yet for the twentieth part of the English national debt, could have a navy as large again. The navy of England is not worth, at this time, more than three millions and an half sterling.

The first and second editions of this pamphlet were published without the following calculations, which are now given as a proof that the above estimation of the navy is just.a

The charge of building a ship of each rate, and furnishing her with masts, yards, sails and rigging, together with a proportion of eight months boatswain's and carpenter's sea stores, as calculated by Mr. Burchett, Secretary to the navy.

For a ship of 100 guns	Pounds sterling=35,553
90	29,886
80	23,638
70	17,785
60	14,197
50	10,606
40	7,558
30	5,846
20	3,710

① See Entic's naval history, intro. page 56.

And from hence it is easy to sum up the value, or cost rather, of the whole British navy, which in the year 1757, when it was at its greatest glory consisted of the following ships and guns:

Ships.	Guns.	Cost of one.	Cost of all. (£)
6	100	35,553	213,318
12	90	29,886	358,632
12	80	23,638	283,656
43	70	17,785	764,755
35	60	14,197	496,895
40	50	10,606	424,240
45	40	7,558	340,110
58	20	3,710	215,180
85 Sloops, bombs and fireships, one with another		2,000	170,000
Cost			3,266,786
Remains for Guns			229,214
Total			3,500,000

No country on the globe is so happily situated, or so internally capable of raising a fleet as America. Tar, timber, iron, and cordage are her natural produce. We need go abroad for nothing. Whereas the Dutch, who make large profits by hiring out their ships of war to the Spaniards and Portuguese, are obliged to import most of the materials they use. We ought to view the building a fleet as an article of commerce, it being the natural manufactory of this country. It is the best money we can lay out. A navy when finished is worth more than it cost. And is that nice point in national policy, in which commerce and protection are united. Let us build; if we want them not, we can sell; and by that means replace our paper currency with ready gold and silver.

In point of manning a fleet, people in general run into great errors; it is not necessary that one fourth part should he sailors. The Terrible privateer, Captain Death, stood the hottest engagement of any ship last war, yet had not twenty sailors on board, though her complement of men was upwards of two hundred. A few able and social sailors will soon instruct a sufficient number of active landsmen in the common work of a ship. Wherefore, we never can be more capable to begin on maritime matters than now, while our timber is standing, our fisheries blocked up, and our sailors and shipwrights out of employ. Men of war, of seventy and eighty guns were built forty years ago in New–England, and why not the same now? Ship–building is America's greatest pride, and in which, she will in time excel the whole world. The great empires of the east are mostly inland, and consequently excluded from the possibility of rivalling her. Africa is in a state of barbarism; and no power in Europe, hath either such an extent of coast, or such an internal supply of materials. Where nature hath given the one, she has withheld the other; to America only hath she been liberal of both. The vast empire of Russia is almost shut out from the sea; wherefore, her boundless forests, her tar, iron, and cordage are only articles of commerce.

In point of safety, ought we to be without a fleet? We are not the little people now, which we were sixty years ago; at that time we might have trusted our property in the streets, or fields rather; and slept securely without locks or bolts to our doors or windows. The case now is altered, and our methods of defence, ought to improve with our increase of property. A common pirate, twelve months ago, might have come up the Delaware, and laid the city of Philadelphia under instant contribution, for what sum he pleased; and the same might have happened to other places. Nay, any daring fellow, in a brig of fourteen or sixteen guns, might have robbed the whole Continent, and carried off half a million of money. These are circumstances which demand our attention, and point out the necessity of naval protection.

Some, perhaps, will say, that after we have made it up with Britain, she will protect us. Can we be so unwise as to mean, that she shall keep a navy in our harbours for that purpose? Common sense will tell us, that the power which hath endeavoured to subdue us, is of all others, the most improper to defend us. Conquest may be effected under the pretence of friendship; and ourselves, after a long and brave resistance, be at last cheated into slavery. And if her ships are not to be admitted into our harbours, I would ask, how is she to protect us? A navy three or four thousand miles off can be of little use, and on sudden emergencies, none at all. Wherefore, if we must hereafter protect ourselves, why not do it for ourselves? Why do it for another?

The English list of ships of war, is long and formidable, but not a tenth part of them are at any one time fit for service, numbers of them not in being; yet their names are pompously continued in the list, if only a plank be left of the ship: and not a fifth part, of such as are fit for service, can be spared on any one station at one time. The East and West Indies, Mediterranean, Africa, and other parts over which Britain extends her claim, make large demands upon her navy. From a mixture of prejudice and inattention, we have contracted a false notion respecting the navy of

England, and have talked as if we should have the whole of it to encounter at once, and for that reason, supposed, that we must have one as large; which not being instantly practicable, have been made use of by a set of disguised Tories to discourage our beginning thereon. Nothing can be farther from truth than this; for if America had only a twentieth part of the naval force of Britain, she would be by far an over match for her; because, as we neither have, nor claim any foreign dominion, our whole force would be employed on our own coast, where we should, in the long run, have two to one the advantage of those who had three or four thousand miles to sail over, before they could attack us, and the same distance to return in order to refit and recruit. And although Britain by her fleet, hath a check over our trade to Europe, we have as large a one over her trade to the West Indies, which, by laying in the neighbourhood of the Continent, is entirely at its mercy.

Some method might be fallen on to keep up a naval force in time of peace, if we should not judge it necessary to support a constant navy. If premiums were to be given to merchants, to build and employ in their service ships mounted with twenty, thirty, forty or fifty guns, (the premiums to be in proportion to the loss of bulk to the merchants) fifty or sixty of those ships, with a few guardships on constant duty, would keep up a sufficient navy, and that without burdening ourselves with the evil so loudly complained of in England, of suffering their fleet, in time of peace to lie rotting in the docks. To unite the sinews of commerce and defense is sound policy; for when our strength and our riches play into each other's hand, we need fear no external enemy.

In almost every article of defense we abound. Hemp flourishes even to rankness, so that we need not want cordage. Our iron is superior to that of other countries. Our small arms equal to any in the world. Cannon we can cast at pleasure. Saltpetre and gunpowder we are every day producing. Our knowledge is hourly improving. Resolution is our inherent character, and courage hath never yet forsaken us. Wherefore, what is it that we want? Why is it that we hesitate? From Britain we can expect nothing but ruin. If she is once admitted to the government of America again, this Continent will not be worth living in. Jealousies will be always arising; insurrections will be constantly happening; and who will go forth to quell them? Who will venture his life to reduce his own countrymen to a foreign obedience? The difference between Pennsylvania and Connecticut, respecting some unlocated lands, shows the insignificance of a British government, and fully proves, that nothing but Continental authority can regulate Continental matters.

Another reason why the present time is preferable to all others, is, that the fewer our numbers are, the more land there is yet unoccupied, which instead of being lavished by the king on his worthless dependants, may be hereafter applied, not only to the discharge of the present debt, but to the constant support of government. No nation under heaven hath such an advantage at this.

The infant state of the Colonies, as it is called, so far from being against, is an argument in favour of independance. We are sufficiently numerous, and were we more so, we might be less united. It is a matter worthy of observation, that the more a country is peopled, the smaller their armies are. In military numbers, the ancients far exceeded the moderns: and the reason is evident. For trade being the consequence of population, men become too much absorbed thereby to attend to anything else. Commerce diminishes the spirit, both of patriotism and military defence. And history sufficiently informs us, that the bravest achievements were always accomplished in the non–age of a nation. With the increase of commerce, England hath lost its spirit. The city of London, notwithstanding its numbers, submits to continued insults with the patience of a coward. The more men have to lose, the less willing are they to venture. The rich are in general slaves to fear, and submit to courtly power with the trembling duplicity of a Spaniel.

Youth is the seed time of good habits, as well in nations as in individuals. It might be difficult, if not impossible, to form the Continent into one government half a century hence. The vast variety of interests, occasioned by an increase of trade and population, would create confusion. Colony would be against colony. Each being able might scorn each other's assistance: and while the proud and foolish gloried in their little distinctions, the wise would lament, that the union had not been formed before. Wherefore, the present time is the true time for establishing it. The intimacy which is contracted in infancy, and the friendship which is formed in misfortune, are, of all others, the most lasting and unalterable. Our present union is marked with both these characters: we are young and we have been distressed; but our concord hath withstood our troubles, and fixes a memorable area for posterity to glory in.

The present time, likewise, is that peculiar time, which never happens to a nation but once, viz. the time of forming itself into a government. Most nations have let slip the opportunity, and by that means have been compelled to receive laws from their conquerors, instead of making laws for themselves. First, they had a king, and then a form of government; whereas, the articles or charter of government, should be formed first, and men delegated to execute them afterward but from the errors of other nations, let us learn wisdom, and lay hold of the present opportunity—To begin government at the right end.

When William the Conqueror subdued England, he gave them law at the point of the sword; and until we consent, that the seat of government, in America, be legally and authoritatively occupied, we shall be in danger of having it filled by some fortunate ruffian, who may treat us in the same manner, and then, where will be our freedom? where our property?

As to religion, I hold it to be the indispensable duty of all government, to protect all conscientious professors thereof, and I know of no other business which government hath to do therewith, Let a man throw aside that narrowness of soul, that selfishness of principle, which the niggards of all professions are so unwilling to part with, and he will be at once delivered of his fears on that head. Suspicion is the companion of mean souls, and the bane of all good society. For myself, I fully and conscientiously believe, that it is the will of the Almighty, that there should be diversity of religious opinions among us: It affords a larger field for our Christian kindness. Were we all of one way of thinking, our religious dispositions would want matter for probation; and on this liberal principle, I look on the various denominations among us, to be like children of the same family, differing only, in what is called, their Christian names.

In page forty, I threw out a few thoughts on the propriety of a Continental Charter, (for I only presume to offer hints, not plans) and in this place, I take the liberty of rementioning the subject, by observing, that a charter is to be understood as a bond of solemn obligation, which the whole enters into, to support the right of every separate part, whether of religion, personal freedom, or property. A firm bargain and a right reckoning make long friends.

In a former page I likewise mentioned the necessity of a large and equal representation; and there is no political matter which more deserves our attention. A small number of electors, or a small number of representatives, are equally dangerous. But if the number of the representatives be not only small, but unequal, the danger is increased. As an instance of this, I mention the following; when the Associators petition was before the House of Assembly of Pennsylvania; twenty–eight members only were present, all the Bucks county members, being eight, voted against it, and had seven of the Chester members done the same, this whole province had been governed by two counties only, and this danger it is always exposed to. The unwarrantable stretch likewise, which that house made in their last sitting, to gain an undue authority over the delegates of that province, ought to warn the people at large, how they trust power out of their own hands. A set of instructions for the Delegates were put together, which in point of sense and business would have dishonoured a schoolboy, and after being approved by a few, a very few without doors, were carried into the House, and there passed in behalf of the whole colony; whereas, did the whole colony know, with what ill–will that House hath entered on some necessary public measures, they would not hesitate a moment to think them unworthy of such a trust.

Immediate necessity makes many things convenient, which if continued would grow into oppressions. Expedience and right are different things. When the calamities of America required a consultation, there was no method so ready, or at that time so proper, as to appoint persons from the several Houses of Assembly for that purpose; and the wisdom with which they have proceeded hath preserved this continent from ruin. But as it is more than probable that we shall never be without a Congress, every well wisher to good order, must own, that the mode for choosing members of that body, deserves consideration. And I put it as a question to those, who make a study of mankind, whether representation and election is not too great a power for one and the same body of men to possess? When we are planning for posterity, we ought to remember, that virtue is not hereditary.

It is from our enemies that we often gain excellent maxims, and are frequently surprised into reason by their mistakes. Mr. Cornwall (one of the Lords of the Treasury) treated the petition of the New-York Assembly with contempt, because that House, he said, consisted but of twenty-six members, which trifling number, he argued, could not with decency be put for the whole. We thank him for his involuntary honesty.a

To Conclude, however strange it may appear to some, or however unwilling they may be to think so, matters not, but many strong and

---

a Those who would fully understand of what great consequence a large and equal representation is to a state, should read Burgh's political disquisitions.

striking reasons may be given, to show, that nothing can settle our affairs so expeditiously as an open and determined declaration for independance. Some of which are:

First. It is the custom of nations, when any two are at war, for some other powers, not engaged in the quarrel, to step in as mediators, and bring about the preliminaries of a peace: but while America calls herself the Subject of Great Britain, no power, however well disposed she may be, can offer her mediation. Wherefore, in our present state we may quarrel on for ever.

Secondly. It is unreasonable to suppose, that France or Spain will give us any kind of assistance, if we mean only, to make use of that assistance for the purpose of repairing the breach, and strengthening the connection between Britain and America; because, those powers would be sufferers by the consequences.

Thirdly. While we profess ourselves the subjects of Britain, we must, in the eye of foreign nations, be considered as rebels. The precedent is somewhat dangerous to their peace, for men to be in arms under the name of subjects; we, on the spot, can solve the paradox: but to unite resistance and subjection, requires an idea much too refined for common understanding.

Fourthly. Were a manifesto to be published, and despatched to foreign courts, setting forth the miseries we have endured, and the peaceable methods we have ineffectually used for redress; declaring, at the same time, that not being able, any longer, to live happily or safely under the cruel disposition of the British court, we had been driven to the necessity of breaking off all connections with her; at the same time, assuring all such courts of our peaceable disposition towards them, and of our desire of entering into trade with them: Such a memorial would produce more good effects to this Continent, than if a ship were freighted with petitions to Britain.

Under our present denomination of British subjects, we can neither be received nor heard abroad: The custom of all courts is against us, and will be so, until, by an independance, we take rank with other nations.

These proceedings may at first appear strange and difficult; but, like all other steps which we have already passed over, will in a little time become familiar and agreeable; and, until an independance is declared, the Continent will feel itself like a man who continues putting off some unpleasant business from day to day, yet knows it must be done, hates to set about it, wishes it over, and is continually haunted with the thoughts of its necessity.

Appendix

Since the publication of the first edition of this pamphlet, or rather, on the same day on which it came out, the King's Speech made its appearance in this city. Had the spirit of prophecy directed the birth of this production, it could not have brought it forth, at a more seasonable juncture, or a more necessary time. The bloody mindedness of the one, show the necessity of pursuing the doctrine of the other. Men read by way of revenge. And the Speech, instead of terrifying, prepared a way for the manly principles of Independance.

Ceremony, and even, silence, from whatever motive they may arise, have a hurtful tendency, when they give the least degree of countenance to base and wicked performances; wherefore, if this maxim be admitted, it naturally follows, that the King's Speech, as being a piece of finished villainy, deserved, and still deserves, a general execration both by the Congress and the people. Yet, as the domestic tranquillity of a nation, depends greatly, on the chastity of what may properly be called national manners, it is often better, to pass some things over in silent disdain, than to make use of such new methods of dislike, as might introduce the least innovation, on that guardian of our peace and safety. And, perhaps, it is chiefly owing to this prudent delicacy, that the King's Speech, hath not, before now, suffered a public execution. The Speech if it may be called one, is nothing better than a wilful audacious libel against the truth, the common good, and the existence of mankind; and is a formal and pompous method of offering up human sacrifices to the pride of tyrants. But this general massacre of mankind, is one of the privileges, and the certain consequence of Kings; for as nature knows them not, they know not her, and although they are beings of our own creating, they know not us, and are become the gods of their creators. The Speech hath one good quality, which is, that it is not calculated to deceive, neither can we, even if we would, be deceived by it. Brutality and tyranny appear on the face of it. It leaves us at no loss: And every line convinces, even in the moment of reading, that He, who hunts the woods for prey, the naked and untutored Indian, is less a Savage than the King of Britain.

Sir John Dalrymple, the putative father of a whining jesuitical piece, fallaciously called, "The Address of the people of England to the inhabitants of America," hath, perhaps, from a vain supposition, that the people here were to be frightened at the pomp and description of a king, given, (though very unwisely on his part) the real character of the present one: "But" says this writer, "if you are inclined to pay compliments to an administration, which we do not complain of," (meaning the Marquis of Rockingham's at the repeal of the Stamp Act) "it is very unfair in you to withhold them from that prince, by whose nod alone they were permitted to do any thing." This is toryism with a witness! Here is idolatry even without a mask: And he who can calmly hear, and digest such doctrine, hath forfeited his claim to rationality an apostate from the order of manhood; and ought to be considered—as one, who hath not only given up the proper dignity of man, but sunk himself beneath the rank of animals, and contemptibly crawls through the world like a worm.

However, it matters very little now, what the king of England either says or does; he hath wickedly broken through every moral and human obligation, trampled nature and conscience beneath his feet; and by a steady and constitutional spirit of insolence and cruelty, procured for himself an universal hatred. It is now the interest of America to provide for herself. She hath already a large and young family, whom it is more her duty to take care of, than to be granting away her property, to support a power who is become a reproach to the names of men and christians. Ye, whose office it is to watch over the morals of a nation, of whatsoever sect or denomination ye are of, as well as ye, who, are more immediately the guardians of the public liberty, if ye wish to preserve your native country uncontaminated by European corruption, ye must in secret wish a separation. But leaving the moral part to private reflection, I shall chiefly confine my farther remarks to the following heads.

First. That it is the interest of America to be separated from Britain.

Secondly. Which is the easiest and most practicable plan, reconciliation or independance? with some occasional remarks.

In support of the first, I could, if I judged it proper, produce the opinion of some of the ablest and most experienced men on this continent; and whose sentiments, on that head, are not yet publicly known. It is in reality a self–evident position: For no nation in a state of foreign dependance, limited in its commerce, and cramped and fettered in its legislative powers, can ever arrive at any material eminence. America doth not yet know what opulence is; and although the progress which she hath made stands unparalleled in the history of other nations, it is but childhood, compared with what she would be capable of arriving at, had she, as she ought to have, the legislative powers in her own hands. England is, at this time, proudly coveting what would do her no good, were she to accomplish it; and the Continent hesitating on a matter, which will be her final ruin if neglected. It is the commerce and not the conquest of America, by which England is to be benefited, and that would in a great measure continue, were the countries as independant of each other as France and Spain; because in many articles, neither can go to a better market. But it is the independance of this country of Britain or any other, which is now the main and only object worthy of contention, and which, like all other truths discovered by necessity, will appear clearer and stronger every day.

First. Because it will come to that one time or other.

Secondly. Because, the longer it is delayed the harder it will be to accomplish.

I have frequently amused myself both in public and private

companies, with silently remarking, the specious errors of those who speak without reflecting. And among the many which I have heard, the following seems the most general, viz. that had this rupture happened forty or fifty years hence, instead of now, the Continent would have been more able to have shaken off the dependance. To which I reply, that our military ability, at this time, arises from the experience gained in the last war, and which in forty or fifty years time, would have been totally extinct. The Continent, would not, by that time, have had a General, or even a military officer left; and we, or those who may succeed us, would have been as ignorant of martial matters as the ancient Indians: And this single position, closely attended to, will unanswerably prove, that the present time is preferable to all others. The argument turns thus—at the conclusion of the last war, we had experience, but wanted numbers; and forty or fifty years hence, we should have numbers, without experience; wherefore, the proper point of time, must be some particular point between the two extremes, in which a sufficiency of the former remains, and a proper increase of the latter is obtained: And that point of time is the present time.

The reader will pardon this digression, as it does not properly come under the head I first set out with, and to which I again return by the following position, viz.

Should affairs be patched up with Britain, and she to remain the governing and sovereign power of America, (which, as matters are now circumstanced, is giving up the point entirely) we shall deprive ourselves of the very means of sinking the debt we have, or may contract. The value of the back lands which some of the provinces are clandestinely deprived of, by the unjust extention of the limits of Canada, valued only at five pounds sterling per hundred acres, amount to upwards of twenty–five millions, Pennsylvania currency; and the quit–rents at one penny sterling per acre, to two millions yearly.

It is by the sale of those lands that the debt may be sunk, without burthen to any, and the quit–rent reserved thereon, will always lessen, and in time, will wholly support the yearly expense of government. It matters not how long the debt is in paying, so that the lands when sold be applied to the discharge of it, and for the execution of which, the Congress for the time being, will be the continental trustees.

I proceed now to the second head, viz. Which is the easiest and most practicable plan, reconciliation or independance; with some occasional remarks.

He who takes nature for his guide is not easily beaten out of his argument, and on that ground, I answer generally—That independence being a single simple line, contained within ourselves; and reconciliation, a matter exceedingly perplexed and complicated, and in which, a treacherous capricious court is to interfere, gives the answer without a doubt.

The present state of America is truly alarming to every man who is capable of reflexion. Without law, without government, without any other mode of power than what is founded on, and granted by courtesy. Held together by an unexampled concurrence of sentiment, which, is nevertheless subject to change, and which, every secret enemy is endeavouring to dissolve. Our present condition, is, Legislation without law; wisdom without a plan; constitution without a name; and, what is strangely astonishing, perfect Independance contending for dependance. The instance is without a precedent; the case never existed before; and who can tell what may be the event? The property of no man is secure in the present unbraced system of things. The mind of the multitude is left at random, and seeing no fixed object before them, they pursue such as fancy or opinion starts. Nothing is criminal; there is no such thing as treason; wherefore, every one thinks himself at liberty to act as he pleases. The Tories dared not have assembled offensively, had they known that their lives, by that act, were forfeited to the laws of the state. A line of distinction should be drawn, between, English soldiers taken in battle, and inhabitants of America taken in arms. The first are prisoners, but the latter traitors. The one forfeits his liberty, the other his head.

Notwithstanding our wisdom, there is a visible feebleness in some of our proceedings which gives encouragement to dissensions. The Continental Belt is too loosely buckled. And if something is not done in time, it will be too late to do any thing, and we shall fall into a state, in which, neither Reconciliation nor Independance will be practicable. The king and his worthless adherents are got at their old game of dividing the Continent, and there are not wanting among us, Printers, who will be busy in spreading specious falsehoods. The artful and hypocritical letter which appeared a few months ago in two of the New York papers, and likewise in two others, is an evidence that there are men who want either judgment or honesty.

It is easy getting into holes and corners and talking of reconciliation:

But do such men seriously consider, how difficult the task is, and how dangerous it may prove, should the Continent divide thereon. Do they take within their view, all the various orders of men whose situation and circumstances, as well as their own, are to be considered therein. Do they put themselves in the place of the sufferer whose all is already gone, and of the soldier, who hath quitted all for the defence of his country. If their ill judged moderation be suited to their own private situations only, regardless of others, the event will convince them, that "they are reckoning without their Host."

Put us, say some, on the footing we were on in sixty-three: To which I answer, the request is not now in the power of Britain to comply with, neither will she propose it; but if it were, and even should be granted, I ask, as a reasonable question, By what means is such a corrupt and faithless court to be kept to its engagements? Another parliament, nay, even the present, may hereafter repeal the obligation, on the pretence, of its being violently obtained, or unwisely granted; and in that case, Where is our redress? No going to law with nations; cannon are the barristers of Crowns; and the sword, not of justice, but of war, decides the suit. To be on the footing of sixty-three, it is not sufficient, that the laws only be put on the same state, but, that our circumstances, likewise, be put on the same state; Our burnt and destroyed towns repaired or built up, our private losses made good, our public debts (contracted for defence) discharged; otherwise, we shall be millions worse than we were at that enviable period. Such a request, had it been complied with a year ago, would have won the heart and soul of the Continent—but now it is too late, "The Rubicon is passed."

Besides, the taking up arms, merely to enforce the repeal of a pecuniary law, seems as unwarrantable by the divine law, and as repugnant to human feelings, as the taking up arms to enforce obedience thereto. The object, on either side, doth not justify the means; for the lives of men are too valuable to be cast away on such trifles. It is the violence which is done and threatened to our persons; the destruction of our property by an armed force; the invasion of our country by fire and sword, which conscientiously qualifies the use of arms: And the instant, in which such a mode of defence became necessary, all subjection to Britain ought to have ceased; and the independancy of America, should have been considered, as dating its aera from, and published by, the first musket that was fired against her. This line is a line of consistency; neither drawn by caprice, nor extended by ambition; but produced by a chain of events, of which the colonies were not the authors.

I shall conclude these remarks, with the following timely and well intended hints. We ought to reflect, that there are three different ways, by which an independancy may hereafter be effected; and that one of those three, will one day or other, be the fate of America, viz. By the legal voice of the people in Congress; by a military power; or by a mob: It may not always happen that our soldiers are citizens, and the multitude a body of reasonable men; virtue, as I have already remarked, is not hereditary, neither is it perpetual. Should an independancy be brought about by the first of those means, we have every opportunity and every encouragement before us, to form the noblest purest constitution on the face of the earth. We have it in our power to begin the world over again. A situation, similar to the present, hath not happened since the days of Noah until now. The birthday of a new world is at hand, and a race of men, perhaps as numerous as all Europe contains, are to receive their portion of freedom from the event of a few months. The Reflexion is awful—and in this point of view, How trifling, how ridiculous, do the little, paltry cavellings, of a few weak or interested men appear, when weighed against the business of a world.

Should we neglect the present favorable and inviting period, and an Independance be hereafter effected by any other means, we must charge the consequence to ourselves, or to those rather, whose narrow and prejudiced souls, are habitually opposing the measure, without either inquiring or reflecting. There are reasons to be given in support of Independance, which men should rather privately think of, than be publicly told of. We ought not now to be debating whether we shall be independant or not, but, anxious to accomplish it on a firm, secure, and honorable basis, and uneasy rather that it is not yet began upon. Every day convinces us of its necessity. Even the Tories (if such beings yet remain among us) should, of all men, be the most solicitous to promote it; for, as the appointment of committees at first, protected them from popular rage, so, a wise and well established form of government, will be the only certain means of continuing it securely to them. Wherefore, if they have not virtue enough to be Whigs, they ought to have prudence enough to wish for Independance.

In short, Independance is the only Bond that can tie and keep us together. We shall then see our object, and our ears will be legally shut against the schemes of an intriguing, as well, as a cruel enemy. We shall then too, be on a proper footing, to treat with Britain; for there is reason to conclude, that the pride of that court, will be less hurt by treating with the American states for terms of peace, than with those, whom she denominates, "rebellious subjects," for terms of accommodation. It is our delaying it that encourages her to hope for conquest, and our backwardness tends only to prolong the war. As we have, without any good effect therefrom, withheld our trade to obtain a redress of our grievances, let us now try the alternative, by independantly redressing them ourselves, and then offering to open the trade. The mercantile and reasonable part in England, will be still with us; because, peace with trade, is preferable to war without it. And if this offer be not accepted, other courts may be applied to.

On these grounds I rest the matter. And as no offer hath yet been made to refute the doctrine contained in the former editions of this pamphlet, it is a negative proof, that either the doctrine cannot be refuted, or, that the party in favour of it are too numerous to be opposed. Wherefore, instead of gazing at each other with suspicious or doubtful curiosity; let each of us, hold out to his neighbour the hearty hand of friendship, and unite in drawing a line, which, like an act of oblivion shall bury in forgetfulness every former dissension. Let the names of Whig and Tory be extinct; and let none other be heard among us, than those of a good citizen, an open and resolute friend, and a virtuous supporter of the rights of mankind and of the FREE AND INDEPENDANT STATES OF AMERICA.

Epistle to Quakers

To the Representatives of the Religious Society of the People called Quakers, or to so many of them as were concerned in publishing the late piece, entitled "The Ancient Testimony and Principles of the People called Quakers renewed, with Respect to the King and Government, and touching the Commotions now prevailing in these and other parts of America addressed to the People in General."

The Writer of this, is one of those few, who never dishonours religion either by ridiculing, or cavilling at any denomination whatsoever. To God, and not to man, are all men accountable on the score of religion. Wherefore, this epistle is not so properly addressed to you as a religious, but as a political body, dabbling in matters, which the professed Quietude of your Principles instruct you not to meddle with.

As you have, without a proper authority for so doing, put yourselves in the place of the whole body of the Quakers, so, the writer of this, in order to be on an equal rank with yourselves, is under the necessity, of putting himself in the place of all those, who, approve the very writings and principles, against which, your testimony is directed: And he hath chosen this singular situation, in order, that you might discover in him that presumption of character which you cannot see in yourselves. For neither he nor you can have any claim or title to Political Representation.

When men have departed from the right way, it is no wonder that they stumble and fall. And it is evident from the manner in which ye have managed your testimony, that politics, (as a religious body of men) is not your proper Walk; for however well adapted it might appear to you, it is, nevertheless, a jumble of good and bad put unwisely together, and the conclusion drawn therefrom, both unnatural and unjust.

The two first pages, (and the whole doth not make four) we give you credit for, and expect the same civility from you, because the love and desire of peace is not confined to Quakerism, it is the natural, as well the religious wish of all denominations of men. And on this ground, as men labouring to establish an Independant Constitution of our own, do we exceed all others in our hope, end, and aim. Our plan is peace for ever. We are tired of contention with Britain, and can see no real end to it but in a final separation. We act consistently, because for the sake of introducing an endless and uninterrupted peace, do we bear the evils and burthens of the present day. We are endeavoring, and will steadily continue to endeavour, to separate and dissolve a connexion which hath already filled our land with blood; and which, while the name of it remains, will be the fatal cause of future mischiefs to both countries.

We fight neither for revenge nor conquest; neither from pride nor passion; we are not insulting the world with our fleets and armies, nor ravaging the globe for plunder. Beneath the shade of our own vines are we attacked; in our own houses, and on our own lands, is the violence committed against us. We view our enemies in the character of Highwaymen and Housebreakers, and having no defence for ourselves in the civil law, are obliged to punish them by the military one, and apply the sword, in the very case, where you have before now, applied the halter—Perhaps we feel for the ruined and insulted sufferers in all and every part of the continent, with a degree of tenderness which hath not yet made its way into some of your bosoms. But be ye sure that ye mistake not the cause and ground of your Testimony. Call not coldness of soul, religion; nor put the Bigot in the place of the Christian.

O ye partial ministers of your own acknowledged principles. If the bearing arms be sinful, the first going to war must be more so, by all the difference between wilful attack and unavoidable defence.

Wherefore, if ye really preach from conscience, and mean not to make a political hobby-horse of your religion, convince the world thereof, by proclaiming your doctrine to our enemies, for they likewise bear arms. Give us proof of your sincerity by publishing it at St. James's, to the commanders in chief at Boston, to the Admirals and Captains who are piratically ravaging our coasts, and to all the murdering miscreants who are acting in authority under him whom ye profess to serve. Had ye the honest soul of Barclaya ye would preach repentance to your king;

a "Thou hast tasted of prosperity and adversity; thou knowest what it is to be banished thy native country, to be over-ruled as well as to rule, and set upon the throne; and being oppressed thou hast reason to know how hateful the oppressor is both to God and man: If after all these warnings and advertisements, thou dost not turn unto the Lord with all thy heart, but forget him who remembered thee in thy distress, and give up thyself to follow lust and vanity, surely great will be thy condemnation. Against which snare, as well as the temptation of those who may or do feed thee, and prompt thee to evil, the most excellent and prevalent remedy will be, to apply thyself to that light of Christ which shineth in thy conscience, and which neither can, nor will flatter thee, nor suffer thee to be at ease in thy sins." —Barclay's address to Charles II.

Ye would tell the Royal Wretch his sins, and warn him of eternal ruin. Ye would not spend your partial invectives against the injured and the insulted only, but, like faithful ministers, would cry aloud and spare none. Say not that ye are persecuted, neither endeavour to make us the authors of that reproach, which, ye are bringing upon yourselves; for we testify unto all men, that we do not complain against you because ye are Quakers, but because ye pretend to be and are not Quakers.

Alas! it seems by the particular tendency of some part of your testimony, and other parts of your conduct, as if, all sin was reduced to, and comprehended in, the act of bearing arms, and that by the people only. Ye appear to us, to have mistaken party for conscience; because, the general tenor of your actions wants uniformity: And it is exceedingly difficult to us to give credit to many of your pretended scruples; because, we see them made by the same men, who, in the very instant that they are exclaiming against the mammon of this world, are nevertheless, hunting after it with a step as steady as Time, and an appetite as keen as Death.

The quotation which ye have made from Proverbs, in the third page of your testimony, that, "when a man's ways please the Lord, he maketh even his enemies to be at peace with him"; is very unwisely chosen on your part; because, it amounts to a proof, that the king's ways (whom ye are desirous of supporting) do not please the Lord, otherwise, his reign would be in peace.

I now proceed to the latter part of your testimony, and that, for which all the foregoing seems only an introduction, viz.

"It hath ever been our judgment and principle, since we were called to profess the light of Christ Jesus, manifested in our consciences unto this day, that the setting up and putting down kings and governments, is God's peculiar prerogative; for causes best known to himself: And that it is not our business to have any hand or contrivance therein; nor to be busy bodies above our station, much less to plot and contrive the ruin, or overturn of any of them, but to pray for the king, and safety of our nation, and good of all men: That we may live a peaceable and quiet life, in all godliness and honesty; under the government which God is pleased to set over us." If these are really your principles why do ye not abide by them? Why do ye not leave that, which ye call God's Work, to be managed by himself? These very principles instruct you to wait with patience and humility, for the event of all public measures, and to receive that event as the divine will towards you. Wherefore, what occasion is there for your political testimony if you fully believe what it contains: And the very publishing it proves, that either, ye do not believe what ye profess, or have not virtue enough to practise what ye believe.

The principles of Quakerism have a direct tendency to make a man the quiet and inoffensive subject of any, and every government which is set over him. And if the setting up and putting down of kings and governments is God's peculiar prerogative, he most certainly will not be robbed thereof by us; wherefore, the principle itself leads you to approve of every thing, which ever happened, or may happen to kings as being his work. Oliver Cromwell thanks you. Charles, then, died not by the hands of man; and should the present Proud Imitator of him, come to the same untimely end, the writers and publishers of the Testimony, are bound, by the doctrine it contains, to applaud the fact. Kings are not taken away by miracles, neither are changes in governments brought about by any other means than such as are common and human; and such as we are now using. Even the dispersion of the Jews, though foretold by our Saviour, was effected by arms. Wherefore, as ye refuse to be the means on one side, ye ought not to be meddlers on the other; but to wait the issue in silence; and unless ye can produce divine authority, to prove, that the Almighty who hath created and placed this new world, at the greatest distance it could possibly stand, east and west, from every part of the old, doth, nevertheless, disapprove of its being independant of the corrupt and abandoned court of Britain, unless I say, ye can show this, how can ye on the ground of your principles, justify the exciting and stirring up the people "firmly to unite in the abhorrence of all such writings, and measures, as evidence a desire and design to break off the happy connexion we have hitherto enjoyed, with the kingdom of Great Britain, and our just and necessary subordination to the king, and those who are lawfully placed in authority under him." What a slap of the face is here! The men, who in the very paragraph before, have quietly and passively resigned up the ordering, altering, and disposal of kings and governments, into the hands of God, are now, recalling their principles, and putting in for a share of the business. Is it possible, that the conclusion, which is here justly quoted, can any ways follow from the doctrine laid down? The inconsistency is too glaring not to be seen; the absurdity too great not to be laughed at; and such as could only have been made by those, whose understandings were darkened by the narrow and crabby spirit of a despairing political party; for ye are not to be considered as the whole body of the Quakers but only as a factional and fractional part thereof.

Here ends the examination of your testimony; (which I call upon no man to abhor, as ye have done, but only to read and judge of fairly;) to which I subjoin the following remark; "That the setting up and putting down of kings," most certainly mean, the making him a king, who is yet not so, and the making him no king who is already one. And pray what hath this to do in the present case? We neither mean to set up nor to put down, neither to make nor to unmake, but to have nothing to do with them. Wherefore, your testimony in whatever light it is viewed serves only to dishonor your judgement, and for many other reasons had better have been let alone than published.

First, Because it tends to the decrease and reproach of all religion whatever, and is of the utmost danger to society, to make it a party in political disputes.

Secondly, Because it exhibits a body of men, numbers of whom disavow the publishing political testimonies, as being concerned therein and approvers thereof.

Thirdly, Because it hath a tendency to undo that continental harmony and friendship which yourselves by your late liberal and charitable donations hath lent a hand to establish; and the preservation of which, is of the utmost consequence to us all.

And here without anger or resentment I bid you farewell. Sincerely wishing, that as men and christians, ye may always fully and uninterruptedly enjoy every civil and religious right; and be, in your turn, the means of securing it to others; but that the example which ye have unwisely set, of mingling religion with politics, may be disavowed and reprobated by every inhabitant of America.